RUDÁ PELLINI

O FUTURO DO DINHEIRO

Este livro tem o recurso de realidade aumentada. Para visualizar, acesse o site futurododinheiro.com e saiba mais!

CARO LEITOR,

Queremos saber sua opinião
sobre nossos livros.
Após a leitura, curta-nos
no facebook.com/editoragentebr,
siga-nos no Twitter @EditoraGente,
no Instagram @editoragente
e visite-nos no site
www.editoragente.com.br.
Cadastre-se e contribua
com sugestões, críticas ou elogios.
Boa leitura!

RUDÁ PELLINI

O FUTURO DO DINHEIRO

Banco digital, fintechs, criptomoedas e blockchain: entenda de uma vez por todas esses conceitos e saiba como a tecnologia dará mais liberdade e segurança para você gerar riqueza

Diretora
Rosely Boschini

Gerente Editorial
Carolina Rocha

Editora Assistente
Franciane Batagin

Preparação
Luiza Del Monaco

Projeto Gráfico e Diagramação
Vanessa Lima

Revisão
Elisa Martins

Capa
Amanda Rovatti

Finalização de capa
Vanessa Lima

Ilustração do verso da capa
Ricardo Gomes Noble

Impressão
Loyola

Copyright © 2020 by Rudá Pellini
Todos os direitos desta edição
são reservados à Editora Gente. Rua
Natingui, 379 – Vila Madalena, São
Paulo, SP – CEP 05443-000
Telefone: (11) 3670-2500
Site: http://www.editoragente.com.br
E-mail: gente@editoragente.com.br

Dados Internacionais de Catálogo na Publicação (CIP)
Angélica Ilacqua, CRB-8/7057

Pellini, Rudá

O futuro do dinheiro: banco digital, fintechs, criptomoedas e blockchain: entenda de uma vez por todas esses conceitos e saiba como a tecnologia dará liberdade e segurança para você gerar riqueza / Rudá Pellini. – São Paulo : Editora Gente, 2020.

208 p.

Bibliografia
ISBN 978-85-452-0370-4

1. Finanças pessoais 2. Investimentos 3. Liberdade financeira I. Título

19-2471

CDD 332.024

Índice para catálogo sistemático:
1. Finanças pessoais

**Para ter acesso às entrevistas disponíveis ao longo do livro
acesse o site futurododinheiro.com**

DEDICO ESTE LIVRO A TODOS OS PENSADORES E DEFENSORES DA LIBERDADE.

AGRADECIMENTOS

Escrever um livro não é uma tarefa fácil, ainda mais com o desafio de falar de um tema tão complexo e abstrato como o futuro do dinheiro de forma simples e acessível. Como se isso não fosse o suficiente, escrevi o livro paralelamente ao desafio de tocar uma startup com vinte pessoas e operação em três países, além de uma rotina de viagens de quase cem voos ao ano. Foi complicado.

Ao decidir fazer este projeto, sabia que o comprometimento seria grande, mas também sabia que não estava sozinho nessa empreitada. Tive a sorte de ter acesso às mentes mais brilhantes do país, que estão olhando e refletindo sobre as inovações relacionadas ao sistema financeiro e que aceitaram conversar comigo para discutir o tema. Procurei pessoas das mais variadas opiniões, muitas completamente discordantes, para conseguir fazer um bom apanhado de ideias e expressar tudo o que eu penso sobre o assunto.

Completar o desafio não teria sido possível sem o apoio da minha família. Quero agradecer primeiro aos que não estão mais neste plano, mas que tenho a certeza de que me acompanham sempre. Também aos meus dois pais – meu pai, João Maurício, e meu padrinho, Nestor Pellini –, à minha madrinha, Graciema, e à toda a minha família. À minha noiva, Amanda, e aos meus sogros, Karla e Armando, pelo suporte e apoio em casa. Sem vocês, nada disso seria possível.

Aos meus irmãos de vida, Guilherme, Ricardo e Miguel, e suas famílias, que são, literalmente, uma extensão da minha. Posso dizer com tranquilidade que tenho a sorte de ter algumas mães e alguns pais. Muito obrigado.

Aos meus sócios por terem acreditado em uma ideia e um propósito e ao time que enfrenta conosco os desafios de empreender.

Aos amigos que me ajudaram e seguem ajudando nessa empreitada: Alberto André, André Diamand, André Portilho, Andrew Hancock, Andrey Aguiar, Arthur Gentili, Augusto Mystical, Avelino Morganti, Brunno Galvão, Carlos Patino, Daniel Molo, Eric Surita, Everton Melo, Fausto Vanin, Felipe Pestana, Felipe Rufino, Flávio Luz, Gilberto Simões Pires, Guilherme Kolberg, Gustavo Pozzato, Henrique Galvani, Hugo Venda, Igor Morais, João Canhada, João Pedro Motta, João Pedro Resende, José Felipe Carneiro, Kim Farrell, Lucas Ferreira, Lucas Ramos, Luiz Calado, Lukas Marques, Marcel Pechman, Marcos Boeira, Otavio Bonder, Patricia Cavalcanti, Paula Passos, Paulo Bogado, Paulo Orione, Rafael Rio Torto, Raiam dos Santos, Ricardo Basaglia, Ricardo Shuree, Roberto Rachewsky, Vinicius Mendes Lima, William Rufino e Winston Ling.

Aos especialistas que toparam o desafio de serem entrevistados e contribuíram muito para a construção deste livro: Anderson Thees, Bernardo Quintão, Carl Amorim, Courtney Guimarães, Fabrício Sanfelice, Felipe Sant'Ana, Fernando Bresslau, Fernando Ulrich, Gustavo Hess, Hélio Beltrão, Henrique Bredda, Hulisses Dias, Ingrid Barth, Israel Salmen, João Canhada, João Paulo Oliveira, Johan Toll, Marco Carnut, Marcos Boschetti, Marcos Sterenkrantz, Pedro Englert, Rafael Palermo de Araújo, Raymond Nasser, Richard Rytenband, Roberto Campos Neto, Rocelo Lopes, Rodrigo Batista, Rodrigo Borges, Rosine Kadamani, Safiri Felix, Solange Queiroz, Tiago Reis, Tito Gusmão e Tony Sio.

Ao Mauricio Benvenutti, empreendedor visionário e grande autor, por ter topado prefaciar este livro.

Ao meu mentor, Roberto Shinyashiki, que me ajudou nessa caminhada de escritor e me apresentou para a brilhante Rosely Boschini. Meu muito obrigado! À toda equipe da Editora Gente, em especial à Carolina Rocha, Franciane Batagin Ribeiro, Ricardo Shinyashiki, Fabricio Santos e a Tainã Bispo. Sem vocês este livro não teria acontecido.

Por último, a você leitor, por ter acreditado nesta ideia e estar aqui, iniciando esta leitura. Minha expectativa é que saia conhecendo diferentes pontos de vista sobre um assunto e que consiga, a partir desses conhecimentos, saber qual o caminho para conquistar a sua própria liberdade.

Boa leitura!

SUMÁRIO

PREFÁCIO
Por Mauricio Benvenutti 10

INTRODUÇÃO 14

CAPÍTULO 1
O medo de investir 20

CAPÍTULO 2
Não nos ensinam a investir 30

CAPÍTULO 3
Entenda o sistema para poder dominá-lo 40

CAPÍTULO 4
A revolução financeira 54

CAPÍTULO 5
Tudo o que você precisa saber sobre Bitcoin e blockchain 70

CAPÍTULO 6
O indivíduo como centro da inovação 86

CAPÍTULO 7
Não tem como estar fora do mercado financeiro 102

CAPÍTULO 8
Preciso me organizar financeiramente 120

CAPÍTULO 9
Conhecimento gera riqueza 132

CAPÍTULO 10
Consistência e disciplina constroem a liberdade 156

CAPÍTULO 11
Quem chega primeiro bebe água limpa 170

CAPÍTULO 12
Bem-vindo ao mundo sem fronteiras 186

NOTAS 192

PREFÁCIO

POR MAURICIO BENVENUTTI

Olá, caro leitor! É um prazer estar aqui com você.

Em meu último livro, *Audaz* (2018), comecei a minha jornada dizendo: "Podemos questionar, discordar ou difamar o amanhã. Só não podemos ignorá-lo. O que levará a raça humana para frente será diferente do que a trouxe até aqui". E é com esse questionamento que gostaria de abrir o prefácio deste livro!

Olhar para o amanhã, em minha opinião, é uma tarefa que todos deveríamos fazer. É apenas analisando-o que poderemos, minimamente, pensar em como o mundo estará, o que será diferente e como isso impactará a nossa vida. Verdade seja dita: com a velocidade em que as coisas mudam hoje, é muito difícil prever ou se preparar para o que pode acontecer. Entretanto, com estudo e dedicação é possível, sim, entender o cenário no qual estamos vivendo e decidir fundamentalmente como ele afetará o nosso cotidiano, utilizando essas mudanças a nosso favor.

O mundo dos negócios está mudando: as empresas estão olhando para os seus colaboradores de maneira diferente e os colaboradores estão encarando o trabalho e a própria qualidade de vida com mais responsabilidade a autonomia. Flexibilidade de horário, metas de entregas estabelecidas independentemente da quantidade de horas trabalhadas não é mais algo de outro mundo. O mundo do consumo está mudando: já não vemos os bens de consumo com os mesmos olhos e, para muitas pessoas, é muito mais vantajoso pensar em um futuro incerto sem carro e casa própria do que viver com raízes presas a um determinado lugar. O mundo do transporte está completamente diferente, a cada dia novas soluções surgem para nos levar de um canto a outro da cidade, município, país e continente. Livre mercado entre frotas, carros autônomos, trens-bala, bicicletas e patinetes são apenas alguns dos exemplos sobre como está mudando a relação tempo-mobilidade. E veja só que nem comentei sobre o futuro dos carros voadores que estão sendo desenvolvidos e testados para transformar de uma vez por todas o transporte pessoal e de mercadorias, não é mesmo?!

A verdade é apenas uma e irrevogável: essas transições são inevitáveis!

No mundo inteiro estamos vendo um sem-fim de alterações na maneira como as pessoas vivem e se relacionam e poderíamos ficar falando por páginas e páginas sobre tudo o que está acontecendo, entretanto, eu lhe pergunto: e sobre o futuro do dinheiro, você já parou para pensar nele?

Talvez, se olharmos friamente, o dinheiro seja um dos últimos a passar por uma transformação substancial, porém, com certeza essa mudança será uma das mais importantes pensando no impacto que causará na vida das pessoas do mundo todo. Esse é o simples motivo pelo qual precisamos falar sobre esse assunto agora! Não dá mais para esperar ou adiar. É urgente e está acontecendo!

Em seu livro, você verá que o autor, Rudá Pellini, explica a revolução financeira a partir de três pilares: dinheiro, tecnologia e liberdade. O primeiro pilar é pautado pelo sistema monetário atual, arcaico e pouco ágil, passando por transformações e tentando acompanhar o rumo das mudanças ao redor do planeta. O segundo pilar é o meio pelo qual o dinheiro sofrerá a transformação, ou seja, tudo aquilo que fará com que ele consiga se desenvolver e transmutar para algo inédito e viável. Já o terceiro pilar, e com certeza o mais importante, é aquele que realmente mudará a sua vida: a liberdade. Liberdade financeira, liberdade com o próprio dinheiro, liberdade para entender o que é melhor para a sua vida e, assim, decidir por qual caminho seguir.

Esse é o principal motivo pelo qual aceitei prefaciar este livro: todos nós merecemos liberdade. Em todos os âmbitos de nossa vida! E, com a ajuda do Rudá, você traçará um caminho mais fácil e viável para que isso aconteça de maneira segura.

Por isso, minha proposta para você, leitor, é virar as próximas páginas e devorar esse conteúdo alucinante, aprendendo tudo sobre como podemos usar as transformações financeiras a nosso favor para construir uma vida pautada na liberdade, na transparência e, acima de tudo, no sucesso pessoal de cada um.

Ótima leitura!

TODOS NÓS MERECEMOS LIBERDADE. EM TODOS OS ÂMBITOS DE NOSSA VIDA! E, COM A AJUDA DO RUDÁ, VOCÊ TRAÇARÁ UM CAMINHO MAIS FÁCIL E VIÁVEL PARA QUE ISSO ACONTEÇA DE MANEIRA SEGURA.

INTRODUÇÃO

Sei que ainda não nos conhecemos, mas, já que você está aqui, assumo o risco de dizer de cara que você e eu temos duas coisas em comum: 1) você também está preocupado com seu dinheiro; 2) você quer saber como, neste mundo que parece ter virado de cabeça para baixo, é possível construir um planejamento financeiro que traga o mínimo de segurança para o seu futuro.

Essas duas questões estão em minha cabeça desde os meus 14 anos, quando tive contato com um livro[1] que mudou minha forma de pensar. Depois da leitura, decidi que iria me aposentar com 28 anos, o dobro da minha idade na época. Isso pode soar estranho, mas no conceito que havia aprendido, aposentadoria não significava parar de trabalhar, e sim ter liberdade financeira.

Sempre fui aficionado por tecnologia e empreendedorismo, e então, conversando com um amigo alguns anos depois de tomada a minha decisão, conheci um termo que, provavelmente, você já deve ter ouvido falar em algum lugar: Bitcoin.

Eu era tenente do Exército e estava havia alguns anos investindo na Bolsa de Valores, por isso, em um primeiro momento, não dei muita bola para esse tal de Bitcoin. Valia cerca de mil reais na época e parecia mais uma estratégia de diversificação de pouco capital (o que chamamos de "pozinho" das opções da Bolsa) do que efetivamente um investimento.

Mas movido pela minha curiosidade, comecei a ler mais, estudar, e acabei mergulhando de cabeça no assunto. Quanto mais eu estudava, mais aquilo ia fazendo parte do meu dia a dia, e um tempo depois passei a dar palestras sobre Bitcoin, blockchain e a entender, cada vez mais, conceitos que até então eram novos para mim, sobre o que é de fato a liberdade.

Você já se perguntou qual é o seu conceito de liberdade? E agora não estou falando de liberdade financeira, ideia que eu já conhecia. Estou falando de liberdade mesmo, para criar e exercer suas iniciativas sem precisar pedir permissão para alguém.

Eu me entusiasmei de tal maneira com o que estava descobrindo, que resolvi largar tudo. Deixei o Exército e passei a me dedicar completamente ao meu novo negócio: uma gestora de investimentos nos Estados Unidos chamada Wise&Trust, baseada em modelos matemáticos e Inteligência Artificial e especializada em ativos digitais. Ativos digitais? Isso mesmo. O Bitcoin foi o primeiro ativo digital criado no mundo. Mas não o único. Hoje em dia existem mais de 2 mil ativos e acredito que esse é um caminho sem volta. Se você está um pouco perdido com essas informações, fique tranquilo. Vou explicar cada um desses termos e conceitos ao longo deste livro.

Meu objetivo é conseguir apresentar a você uma visão diferente de futuro, com mais possibilidades de prosperidade. Mas, para isso, precisamos vencer alguns medos, como o de falar de dinheiro e de investimentos, temas que comumente nos geram desconfiança, incredulidade e insegurança. Afinal, como dizem, o bolso é o órgão que mais dói no ser humano.

E entendo bem suas razões para se sentir desconfortável com esses assuntos. Para começar, não temos o hábito de falar sobre dinheiro dentro de casa ou na escola. Depois, na correria do dia a dia, dificilmente temos tempo para estudar e nos aprofundar nesse tipo de conteúdo. Além disso, é possível que você ou alguém próximo já tenha se sentido frustrado por ter perdido dinheiro em uma aplicação financeira ou, pior ainda, por ter caído em algum golpe.

Enfim, as razões são múltiplas e variadas para temermos os "riscos de investir". E, como se não bastasse, o sistema tradicional foi projetado para ser complexo e inacessível à maioria das pessoas, com o intuito de se manter restrito e controlado por poucos.

Então, justamente por essas razões, eu me coloco aqui. Quero apresentar a você um caminho alternativo. Um caminho que pode ser construído e trilhado por qualquer um, desde que se compreenda o cenário de mudança pelo qual estamos passando. Essa mudança é intensa e silenciosa, e tem transformado todo esse sistema de crenças e relações com o qual estávamos acostumados até agora. Estou falando de uma verdadeira revolução financeira!

Já parou para pensar que a maior empresa de hospedagem do mundo não possui nenhuma acomodação própria? A maior empresa de transportes do mundo não possui nenhum veículo? O maior veículo de mídia do mundo não é essencialmente um criador de conteúdo? Airbnb, Uber e Google são algumas das empresas que revolucionaram o mercado em suas áreas de atuação. Pode parecer clichê, mas, para alguns — talvez a maioria das pessoas —, essa nova dinâmica que está começando é assustadora. Porém, quando se entende o impacto dessa nova dinâmica e como ela promove maior igualdade, é possível enxergar que o futuro chegou e que estamos vivendo uma verdadeira transformação.

Essas inovações mudaram o rumo de diversos mercados e indústrias, e não é de se espantar que tenham chegado também ao tradicional sistema financeiro e estejam modificando completamente nossa maneira de lidar com o dinheiro.

Um ponto importante: este não é um livro sobre Bitcoin nem blockchain ou Criptoativos. É um livro sobre liberdade, dinheiro e tecnologia. Sobre como essas três coisas se conectam e sobre como, cada vez mais, vão impactar a sua vida. Esses são os três pilares que julgo serem os mais importantes para sustentar a transformação pela qual estamos passando. Esse tripé é baseado em inovação e pensamento disruptivo, ou seja, na criação de produtos e serviços que abrem novos mercados e desestabilizam os concorrentes tradicionais. No caso da transformação do setor financeiro, este modelo descentralizado de liberdade permitirá a você proteger seu patrimônio diante de crises, gerar riqueza e ter controle total sobre seu dinheiro, ou seja, ser dono dele.

Neste momento, você pode estar se perguntando: "Mas, como assim? Eu não sou dono do meu próprio dinheiro?". Explico melhor. Até pouco tempo atrás, nós tínhamos poucas opções de como cuidar do nosso dinheiro: guardando as notas de papel debaixo da cama; deixando-o no banco, rendendo em alguma aplicação financeira; ou até mesmo comprando ouro, para garantir que não sofresse desvalorização. Mas, e se você quisesse, neste instante,

UM PONTO IMPORTANTE: ESTE NÃO É UM LIVRO SOBRE BITCOIN NEM BLOCKCHAIN OU CRIPTOATIVOS. É UM LIVRO SOBRE LIBERDADE, DINHEIRO E TECNOLOGIA. SOBRE COMO ESSAS TRÊS COISAS SE CONECTAM E SOBRE COMO, CADA VEZ MAIS, VÃO IMPACTAR A SUA VIDA.

fazer uma transferência para outro país, você conseguiria? E, além disso: seria possível fazer isso sozinho, sem a ajuda de algum funcionário do seu banco? Provavelmente a resposta é não, correto? Ou será que usaria uma fintech?

Pois é... vou mostrar a você que é possível controlar seu dinheiro diretamente, sem um intermediário (um banco tradicional, no caso), com agilidade e gastando bem menos com taxas. Quer ver só? No Nubank, por exemplo, uma das fintechs brasileiras mais bem-sucedidas, o correntista recebe um cartão de crédito que não tem cobrança de anuidade e cujas operações ele mesmo controla.

Outro movimento muito interessante e que ajuda a democratizar o crédito é o empréstimo *peer-to-peer,* como são chamadas as plataformas em que pessoas físicas emprestam dinheiro entre si, sem precisar pegar um empréstimo em uma agência física de uma instituição financeira tradicional. Esse é o tipo de situação que chamo de "ganha-ganha-ganha". A pessoa que empresta o dinheiro tem a chance de ter um retorno maior sobre seu investimento; o tomador recebe a quantia solicitada com menor taxa de juros; e a plataforma que viabiliza a transação recebe sua parte. E, por ser digital, é um produto com escalabilidade alta e, com isso, acaba sendo muito mais barato. Incrível, não?

A internet democratizou a sociedade e deu voz para quem nunca teve espaço, ao tornar o mundo um lugar veloz e sem fronteiras. Agora estamos vendo a transformação da própria internet no que chamamos de *The Internet of Money* [A internet do dinheiro].[2] Ferramentas como a plataforma norte--americana PayPal; o lançamento da Libra, uma moeda global emitida por um consórcio entre Facebook e outras empresas; ou o próprio Bitcoin, que nasceu em 2008 como um meio alternativo ao sistema, são movimentos que comprovam a disrupção da própria World Wide Web como a conhecíamos até então para algo novo e transformador.

Você conseguiu perceber que, nesses exemplos, o controle do seu dinheiro fica cada vez mais em suas mãos? Também notou que as taxas de serviços são cada vez menores ou até inexistentes? E que você poderá realizar pagamentos e transferências em outras moedas de forma direta, instantânea e sem dor de cabeça? Então, esqueça a papelada, a burocracia e as horas de fila para ser atendido na agência bancária. Estamos, de fato, diante de uma revolução.

E, como se isso não fosse o suficiente, ainda há uma vantagem interessante para aqueles que toparem surfar esta onda comigo e se tornar também um *early adopter*, ou seja, um consumidor muito antenado que descobre novidades, produtos e tecnologias e passa a adotá-los logo após sua invenção.

Sabe aquela frase "Quem chega primeiro bebe água limpa"? Pois este é um momento fascinante para você estudar e aprender a investir, com segurança e consistência, e da maneira como você se sentir mais confortável. E eu me comprometo a mostrar a você como este novo sistema financeiro funciona para que consiga dominá-lo.

Sei que tudo o que estou citando parece muito diferente das experiências que você vivenciou até agora. Eu já estive no seu lugar, acredite! Mas a ideia é justamente essa: desbravar este universo de possibilidades e novas formas de se relacionar com o dinheiro.

E quero ser seu companheiro neste momento. Para isso, decidi compartilhar todo o conhecimento que adquiri lendo, conversando com os maiores especialistas dessa área, testando hipóteses e trabalhando no setor. Garanto que nunca foi tão fácil ser dono do próprio dinheiro e gerar riqueza, mas o caminho exigirá muito estudo, dedicação e disciplina.

Costumo dizer que não há fórmula mágica, portanto não acredite em promessas, profetas ou gurus. Tenho absoluta certeza de que só conseguimos progredir e alcançar liberdade por meio do conhecimento. Pretendo preparar você para o futuro, porque a liberdade de amanhã depende de uma atitude hoje. Não há tempo a perder!

Então, meu convite é para começarmos agora mesmo!

O MEDO DE INVESTIR

No Brasil, investir não é uma tarefa fácil. Enquanto em diversos países as crianças aprendem ainda na escola sobre como se relacionar com dinheiro, nós não temos educação financeira nem mesmo na faculdade. Além disso, conversar sobre dinheiro, investimentos e aplicações não é um hábito comum nos lares brasileiros. Resumindo, esse assunto é quase um tabu.

O fato é que, por inúmeras razões, que vou explicar a você neste livro, nós não somos incentivados a poupar e a investir no Brasil. E, mesmo quando o fazemos, é muito comum aplicarmos em produtos financeiros ruins.

E essa característica está tão enraizada na nossa sociedade que os números revelam algo assustador: em 2018, 56% da população não possuia nenhum real aplicado; apenas um terço da população consegue poupar; e, daqueles que têm dinheiro investido, nove em cada dez guarda dinheiro na poupança, um produto financeiro que rende, praticamente, menos do que a inflação.[3]

Independentemente do seu ganho mensal, garanto a você que, com organização, é possível investir e se tornar protagonista da sua própria vida. E isso não é papo furado de influencer ou youtuber... Vá por mim, não se apegue a frases como "investir é só para quem tem muito dinheiro" ou "dinheiro sobrando é um mito".

E falando nisso, não faltam mitos quando falamos sobre investimentos. Irei provar a você que investir não é um luxo. Pelo contrário, é uma necessidade cada vez mais urgente. São vários os motivos, mas há dois que são muito importantes e que afetam a todos nós: a desvalorização da moeda, que acaba acontecendo ao longo do tempo, e a perda da nossa capacidade produtiva ao longo da vida.

Sabe aquela fila de aposentados e pensionistas na porta do banco todo o início de mês? Pois é, todos nós vamos chegar à terceira idade. É inevitável. Temos, no entanto, a chance de agir agora e tomar decisões inteligentes que podem tornar esta fila bem mais confortável.

Se você nasceu no início da década de 1980 ou antes disso, certamente lembra-se da implantação do Plano Real, que deu fim ao período de hiperinflação brasileira e garantiu a estabilidade econômica das últimas três décadas. Entretanto, em 25 anos de Plano Real, a nossa moeda perdeu 83% do seu valor.* Isso mesmo: 83%! Sabe quando você ia ao supermercado com 100 reais e voltava cheio de compras? Hoje, se você for ao supermercado, perceberá que os mesmos 100 reais compram bem menos coisas, ou o equivalente a 16,40 reais lá no início de vida da nossa moeda. Pois é, isso significa que acabamos perdendo poder de compra. E, geralmente, não nos damos conta disso.

A aposentadoria é outro momento de grande estresse na vida dos brasileiros, ainda mais neste contexto de maior expectativa de vida. Na década de 1960, o brasileiro vivia, em média, 52,5 anos. Em 2017, a expectativa de vida saltou para 76 anos. Estamos vivendo mais e essa notícia é ótima. Contudo, falar sobre previdência social não é um tema agradável para a grande maioria da população.[4]

Quando voltamos as atenções para o cenário de Reforma da Previdência e para as alterações nos regimes previdenciários, percebemos que as regras do jogo estão mudando, e quem não agir rapidamente corre o risco de ficar para trás. Atualmente, 90% dos brasileiros aposentados são sustentados pela previdência social, o que engloba pessoas de todas as classes sociais, renda e regiões do Brasil. Apenas 6%, no entanto, investiram na previdência privada e podem usufruir desse dinheiro e garantir seu sustento na terceira idade.[5]

Entretanto, também não acredito que a solução do nosso planejamento financeiro esteja nos sistemas de Previdência Privada vigentes no Brasil: Plano Gerador de Benefício Livre (PGBL) e Vida Gerador de Benefício Livre (VGBL). Vou explicar meus motivos mais à frente.

Para mim, o problema é anterior a ter ou não ter um plano como esse. O sinal vermelho se dá quando mais da metade da população brasileira – mais precisamente 56% – continua acreditando que será sustentada apenas pelo governo quando chegar à aposentadoria.[6] Ou seja, ainda há um longo processo para que as pessoas entendam que a previdência está em crise e que não podemos continuar delegando para outros (sejam burocratas do governo ou

---

* Índice Nacional de Preços ao Consumidor Amplo (IPCA) de Julho de 1994 a julho de 2019, calculado pelo próprio autor com base da tabela do Banco Central.

instituições privadas) as decisões sobre como gerenciar o nosso dinheiro. Precisamos tomar as rédeas da situação.

E a única forma de evitar essa corrosão do poder de compra e de se preparar para uma aposentadoria confortável é aprender a cuidar e ser dono do seu próprio dinheiro. Ninguém o fará por você. As barreiras, de fato, são inúmeras, mas precisamos perseverar e entender que o investimento consistente se dá a longo prazo, com muito estudo, trabalho e conhecimento. Por isso, é imprescindível ter entendimento de como funciona o mercado financeiro. São muitas siglas, palavras em inglês e termos técnicos que dificultam esse primeiro contato. Mas eu estou aqui para isso: ser seu parceiro para enfrentar esse momento.

Resumindo: poupar é indispensável. Investir a grana guardada é fundamental. E escolher bem os produtos financeiros nos quais você investirá é tão importante quanto. Se não, é possível que todo o esforço de poupar, que é enorme, seja perdido.

O medo de não saber investir é algo muito presente na vida dos brasileiros também. Esse receio nos leva a tomar decisões ruins e o sentimento também é completamente justificável, já que a história do Brasil dos últimos trinta anos é conturbada e politicamente instável. Instabilidade gera insegurança na tomada de decisões. Para aqueles que já passaram por inflação alta e Plano Collor, a incerteza é fruto de uma vivência real de crises e governos populistas.

Para a geração que viveu a hiperinflação, há ainda um fator psicológico de insegurança muito forte: a memória desses tempos. É por isso que a maioria opta por produtos que tenham liquidez, mesmo que eles rendam pouco, como é o caso da poupança.

Para você ter uma ideia, em 2018, a Caderneta acumulou retorno de 4,23%, segundo o Banco Central, e a inflação no período foi de 3,75%,* gerando um ganho real no ano de 0,48%. E, se compararmos com aqueles que investiram na Bolsa, o desequilíbrio fica ainda maior: o índice Ibovespa fechou o ano com ganhos de 15% no mesmo período.[7]

Também existe a crença de que a poupança é um investimento 100% seguro e por isso faz sentido manter o dinheiro nesse produto financeiro.

---

* Índice Nacional de Preços ao Consumidor Amplo (IPCA), calculado pelo próprio autor com base na tabela do Banco Central.

POUPAR É INDISPENSÁVEL. INVESTIR A GRANA GUARDADA É FUNDAMENTAL. E ESCOLHER BEM OS PRODUTOS FINANCEIROS NOS QUAIS VOCÊ INVESTIRÁ É TÃO IMPORTANTE QUANTO.

No entanto, se você está naquele grupo nascido até os anos 1980, é provável que se lembre de uma das primeiras medidas do governo Collor, em 1990,[8] que congelou as economias que os brasileiros tinham na poupança.

Além disso, os investimentos em poupança só são assegurados pelo Fundo Garantidor de Créditos (uma associação civil, sem fins lucrativos, responsável por ressarcir os investidores se um banco quebrar ou der calote) no limite de 250 mil reais[9] por CPF e por instituição financeira. Isso significa que, se você tem mais do que esse valor na Caderneta na mesma instituição, corre o risco de perder essa diferença caso a instituição venha a quebrar.

As pessoas costumam ter tanto medo de perder dinheiro e diversificar os investimentos que são pouquíssimas as que estão hoje na Bolsa de Valores. Mais precisamente 0,7% da população brasileira – apenas 1 milhão e meio de pessoas físicas – está investindo em renda variável. E essa quantidade de CPFs é recente, um marco atingido em abril de 2019.[10] Desde os anos 2000, a Bolsa de Valores era movimentada por uma média de 600 mil pessoas.

Nos Estados Unidos, por exemplo, um mercado mais maduro e com cidadãos investidores, há um entendimento de que não se pode depender exclusivamente da previdência pública. Lá, há um assessor de investimento para cada 250 habitantes,[11] enquanto aqui temos um assessor para cerca de 46,3 mil brasileiros. Como consequência, mais da metade dos norte-americanos investe na Bolsa de Valores. Na Europa e na Ásia, a proporção é de 20% a 30% da população, dependendo do país.[12]

Para confirmar o que estou dizendo, vou propor um desafio: converse com seus amigos, parentes e colegas sobre investimentos. Pergunte se estão investindo e no que, além de como eles tomam suas decisões de investimento. Provavelmente, você vai ouvir pelo menos uma das seguintes afirmações:

+ **Não consigo poupar.**
+ **Preciso de muito dinheiro para começar a investir.**
+ **Meus investimentos rendem pouco, sinto que estou perdendo dinheiro.**
+ **Não sei em quem confiar para tomar a melhor decisão sobre investimentos. Tenho dúvidas se estão oferecendo a melhor opção para mim ou para eles.**

+ **Não me preparei e agora não vou ter uma boa aposentadoria.**
+ **Não consigo compreender as inovações no mercado financeiro e as atuais oportunidades de investimento e tenho receio de investir em uma furada.**

E aí, ouviu alguma resposta parecida com essas? Pois é, eu já ouvi todas essas afirmações diversas vezes, da boca de muitas pessoas. E pessoas dos mais diferentes perfis e classes sociais.

Então repito: investir no Brasil não é fácil. Além de não termos acesso à educação financeira, há fatores que complicam bastante nossa relação com o dinheiro e tornam o cenário nublado para quem planeja participar desse universo.

E não podemos esquecer que as inovações contínuas que vivemos nos dias de hoje também provocam ansiedade. Não temos tempo para acompanhar e entender tudo o que está surgindo de novo, então acabamos perdendo excelentes oportunidades, pois é realmente difícil identificar quais são as notícias importantes e de credibilidade em meio à tonelada de informação produzida por veículos de comunicação e redes sociais.

Além de ansiedade, falar em novos produtos financeiros e novas tecnologias provoca uma sensação de desconfiança em relação ao desconhecido. Quantas pessoas deixaram de investir em Bitcoin, por exemplo, por ter escutado que esse é um ativo de muito risco? Ou que as criptomoedas servem a máfias internacionais que as usam para lavar dinheiro de crime? Esse discurso é recorrente e, claro, deixa muita gente apavorada.

Mas quero mostrar que investir não é como jogar na loteria nem entrar em um cassino. Não estamos em Las Vegas nem temos o bilhete premiado. Você precisa alinhar suas expectativas e entender que a mentalidade do investidor deve ser outra. Aprendi ao longo da minha vida como investidor que o objetivo deve ser de encontrar empresas e oportunidades que irão gerar riqueza no longo prazo.

Sei que a ansiedade é alta e nos deixa muito inseguros em relação ao futuro... Na geração dos meus pais, fazer uma boa faculdade para ter um bom emprego, comprar uma casa e criar uma família eram os principais objetivos. Depois de passar por uma série de crises e momentos de instabilidade, conquistar esses objetivos significava garantir um futuro com estabilidade financeira e segurança.

A minha geração é diferente. Por não ter vivenciado esses cenários, boa parte dos que têm entre 20 e 35 anos foi criada com outras preocupações. Os objetivos estão muito mais ligados a experiências e liberdade. Nascemos na geração da internet e estamos criando novas formas de gerar renda, novas profissões, novas oportunidades... E essa nova dinâmica da economia é, com certeza, revolucionária em muitos aspectos.

Por outro lado, o mundo está completamente conectado e isso significa que as crises agora são globais... Em 2008, a falência do banco de investimento Lehman Brothers, na madrugada do dia 15 de setembro,[13] provocou um efeito cascata no sistema financeiro que gerou estragos pelo mundo todo e é considerada uma das piores crises econômicas desde a quebra da Bolsa de Nova York em 1929.

Conheço bastante gente que já estava no mercado financeiro durante a crise de 2008 e é unânime em afirmar que foram tempos difíceis. Cheguei a esse mercado no fim do ciclo de baixa nos Estados Unidos, no final de 2009, por meio de uma palestra que organizamos com um escritório da corretora XP Investimentos e o Grêmio Estudantil da minha escola. Esse primeiro contato com a Bolsa de Valores ainda no Ensino Médio foi bastante importante para mim, pois na época eu já era empreendedor e tinha um capital guardado que me permitia investir.

Como investidor, acabei descobrindo que, em um contexto de tantas incertezas, devemos tentar entender os momentos econômicos para conseguir nos posicionarmos da melhor forma. A ideia é capturar o valor do mercado em ciclos de alta e estar protegido para sobreviver durante um ciclo de baixa. Para tanto, é importante entender um pouco dos ciclos econômicos e de como as crises se comportam (assunto que vou abordar de forma mais detalhada no capítulo 3), só assim estaremos atentos e preparados para, quando necessário, ler os sinais do mercado.

Para separar o joio do trigo, precisamos de informação de qualidade, fugir de promessas falsas e entender em quem podemos confiar para tomarmos as melhores decisões de investimento. Comparo a jornada do investidor com a de um Ironman, a modalidade do *triathlon* que exige um alto desempenho do competidor em provas de longas distâncias. São 3,8 quilômetros de natação, 180 quilômetros de ciclismo e uma maratona (42 quilômetros de corrida). Ou seja, precisamos de fôlego, paciência e disposição. Mas vale muito a pena e eu vou mostrar como a tecnologia pode dar as ferramentas necessárias para você completar essa prova!

2

NÃO NOS ENSINAM A INVESTIR

São inúmeras as causas de tanto medo e insegurança em relação ao ato de investir. Depois que nos tornamos adultos, passamos a viver sempre tão atarefados que fica mais difícil encontrar tempo para estudar e aprender sobre um tema que está tão distante do nosso dia a dia. Eu trabalho com isso, invisto desde adolescente, já acumulei horas de estudo e, ainda assim, quanto mais leio, mais vejo que existe um longo caminho para ser trilhado.

Pode parecer exagero, mas a verdade é que não é preciso ser um expert para começar a investir. Você só precisa parar de achar que esse tipo de conhecimento é inatingível. Hoje, com vídeos disponíveis no YouTube, podcasts, audiolivros e uma série de outras ferramentas, é possível absorver informações a todo instante. E a falta de tempo é, muitas vezes, resultado da má utilização dele. Experimente usar o período de deslocamento da sua casa para o trabalho ouvindo um podcast ou lendo um livro. Você terá outra percepção e vai ver que é possível aprender bastante com uma simples mudança de hábito.

Meu objetivo aqui não é transformar você em um investidor profissional, que vai viver de investimentos ou, como eu, trabalhar nessa área. No entanto, se você quer ser dono do seu dinheiro, é importante abrir um espaço na sua rotina para entender um pouco mais sobre esse universo. E saber que nada disso é possível se você não poupar. Não existe mágica.

Para Tiago Reis, investidor e fundador da Suno Research, há três princípios fundamentais que norteiam as decisões dos melhores investidores do mundo. Antes de qualquer coisa: 1) eles são grandes poupadores; 2) investem o dinheiro com inteligência, comprando nos momentos de baixa e sempre pensando no longo prazo; e 3) reinvestem os dividendos, ou seja, nada de sair gastando o lucro do seu investimento por aí, certo? O lucro sempre volta para a sua carteira de investimentos de longo prazo.*

---

* Tiago Reis, em entrevista concedida ao autor em 7 set. 2019.

Para que o processo dê certo, você também precisa eliminar suas dívidas. É ilusão falar em economizar recursos e investir quando, de acordo com dados do fim de 2018, mais de 60 milhões de brasileiros têm o nome sujo no Serviço de Proteção ao Crédito (SPC).[14] Então, o primeiro passo para investir melhor é quitar as dívidas. Certamente, você tem algum amigo ou parente que está endividado e precisando de ajuda. Na maior parte dos casos, alguns ajustes na organização financeira são o suficiente para que a pessoa comece a enxergar uma luz no fim do túnel. Mais à frente, vou mostrar alguns casos em que a tecnologia e algumas startups podem ser a solução para quem está passando por dificuldades. Hoje, já existem outras formas mais baratas de conseguir empréstimos, além de ferramentas para ajudar na gestão financeira e formas de economizar na hora de gastar.

Assim que começar a poupar, a investir com inteligência e a reinvestir os dividendos, você vai perceber que, em algum momento, esse círculo virtuoso ganha uma tração própria e se torna uma bola de neve,* segundo o conceito do Warren Buffett, que compartilho na minha vida pessoal. Esse círculo, porém, pode demorar algum tempo para engrenar e é importante que estejamos dispostos a esperar.

Também sei que guardar dinheiro neste momento de instabilidade persistente é difícil. Depois de conseguir acumular uma reserva, vem o medo de não saber onde alocá-la. Para você ter uma ideia, em um relatório publicado em 2018 pelo Fundo Monetário Internacional (FMI), o Brasil ficou em segundo lugar como o pior país em taxa de poupança *per capita* da América do Sul, perdendo, apenas, para a Venezuela.[15]

Outro ponto preocupante quando se trata de investimentos é a busca pelo dinheiro rápido e o resultado no curto prazo. Muitas pessoas supervalorizam a prática de fazer dinheiro rapidamente e não dão a devida atenção aos investimentos de longo prazo. Eu já acho que cautela e canja de galinha não fazem mal a ninguém. Ou, como diz o mestre Warren Buffett, "nunca teste a profundidade

---

* Eu sei que, no Brasil, "bola de neve" não é uma expressão com sentido positivo. Usamos para indicar problemas sérios. Porém, neste livro, sempre que falar de bola de neve, estarei me referindo ao conceito do Warren Buffett, como um círculo virtuoso e benéfico para a sua vida. (N.A.)

do rio com os dois pés". Isso vale para tudo na vida. Por isso, quando prometerem a você algo muito vantajoso, não custa desconfiar.

O trauma dos golpes é real e recorrente. Vou contar uma história que talvez você já tenha ouvido, a do golpe do bilhete premiado. Para que esse golpe aconteça são necessários três personagens: o golpista, o parceiro do golpista e a vítima. O golpista surge com um bilhete de loteria e um jornal do dia. Aparentemente, os números do bilhete são os mesmos dos do jornal e aquele seria o bilhete premiado em, por exemplo, 100 mil reais. Então, o golpista oferece esse bilhete à vítima e pede apenas 1 mil reais em troca, afinal, ele não precisaria de tanto dinheiro e não vai conseguir retirar o montante em função de alguma emergência. Óbvio que a vítima vai ficar desconfiada e não vai embarcar nessa furada. Aí, aparece o parceiro do golpe, uma pessoa que está "passando" na rua naquele momento e pergunta o que está acontecendo. O golpista reconta a história. O cúmplice no crime, então, oferece 1.500 reais pelo bilhete. Esse é o momento em que a vítima, movida pela ganância e pela inveja, deixa-se levar pela emoção e acaba comprando o bilhete falso. Esse tipo de golpe ainda existe e ocorre diariamente pelo nosso país.

Mas não contei esse caso para falar especificamente desse tipo de trapaça, mas sim porque essa história é muito parecida com uma das piores práticas que temos hoje em dia e que leva o dinheiro suado dos trabalhadores brasileiros: as pirâmides e os golpes financeiros.

Mais sofisticados do que os golpistas do bilhete premiado, esses bandidos também se aproveitam das emoções e da promessa de dinheiro fácil para ludibriar a população. Estima-se que dezenas de bilhões de reais[16] já escoaram do bolso de trabalhadores para esses criminosos.

É possível que você tenha algum vizinho ou conhecido que recentemente disse estar ganhando altíssimas quantias com seus investimentos. Ele trocou de carro, passou a frequentar restaurantes caros e está convidando todo mundo para entrar no negócio. Pois é, provavelmente esse seu conhecido é mais uma vítima de um golpe, ou pior, pode, até mesmo, ser o próprio golpista. Infelizmente, em momentos de crise com alta taxa de desemprego, é normal que as pessoas estejam fragilizadas financeira e emocionalmente e fiquem mais vulneráveis a esse tipo de falcatrua. Grande parte desses golpistas

SE VOCÊ QUER SER DONO DO SEU DINHEIRO, É IMPORTANTE ABRIR UM ESPAÇO NA SUA ROTINA PARA ENTENDER UM POUCO MAIS SOBRE ESSE UNIVERSO. E SABER QUE NADA DISSO É POSSÍVEL SE VOCÊ NÃO POUPAR. NÃO EXISTE MÁGICA.

tem se aproveitado da incompreensão das pessoas em relação às novas tecnologias para enganar mais vítimas.

Em minhas palestras, sempre pergunto quem já ouviu falar em Bitcoin, blockchain ou criptomoedas e, geralmente, bastante gente levanta a mão. Mas, quando pergunto se eles saberiam me explicar esses conceitos, pouquíssimos mantêm o braço levantado. O fato é que aplicar um golpe prometendo lucros em cima da venda de perfumes ou suplementos é muito mais difícil do que falar em "operações" muito lucrativas com Bitcoin ou forex, que se trata de complexas operações de compra de moedas e *commodities*. As tramas criadas por esses golpistas se aliam à dificuldade das pessoas em entender temas tão abstratos. E foi nisso que esses golpistas enxergaram a oportunidade. É complicado, né? Então, desconfiar, recear e duvidar é legítimo e compreensível. E, consciente disso, reservei uma parte deste livro para apresentar a você uma espécie de "guia" para que possa identificar mais facilmente esse tipo de golpe e fugir dele.

A tecnologia também assusta bastante porque ainda há uma grande parcela de pessoas que a desconhece. Estou envolvido com Bitcoin desde o final de 2015 e estudando esse tema a fundo desde o final de 2016, e diariamente me deparo com um conceito novo. Estamos vivendo na era de tecnologias exponenciais, e, cada vez mais rapidamente, surgem inovações que mudam a forma como vivemos e interagimos em sociedade. Quer um exemplo?

A Uber começou suas atividades em 2009[17] e revolucionou a indústria de transportes no mundo. Hoje, ligar para uma central de táxi para chamar um carro, por exemplo, parece uma loucura. Dez anos depois, já se fala na possibilidade de carros autônomos substituírem os motoristas dos aplicativos,[18] uma realidade que até pouco tempo parecia cena de filme de ficção científica. Em breve, vamos ver a disrupção da disrupção.

Quando falamos de tecnologia e dinheiro, de um lado temos uma série de inovações e tecnologias que permitem mais liberdade e facilidade para os usuários; de outro, temos, na maior parte dos países, a versão analógica em papel-moeda. No meio disso, ainda temos novas formas de dinheiro, que não dependem de Estados ou organizações para funcionar. Ou seja, se já era difícil entender onde investir com segurança quando havia poucas opções, agora o jogo ficou ainda mais intrincado. A vantagem é que você não precisa ser um especialista em tecnologia para entender esses fenômenos e saber como se posicionar.

ATENÇÃO REDOBRADA

Dificuldade em poupar, desconhecimento das maneiras de investir, falta de informação e de referências no dia a dia sobre o assunto, medo de golpes, ansiedade em relação às transformações tecnológicas e falta de familiaridade com as novas invenções em um clima de insegurança política muito grande são sentimentos e aspectos legítimos e compreensíveis. Convivemos com a sensação de não saber como será o amanhã, aumentando o medo e a sensação de fragilidade dos pequenos investidores

E como se tudo isso não fosse suficiente para nos desencorajar a investir, existem ainda os fatores externos que influenciam diretamente nosso humor no momento de tomar uma decisão. Ou seja, você precisa de atenção redobrada quando o assunto é dinheiro, seja por questões pessoais ou por causas externas.

As instituições financeiras tradicionais, principalmente os grandes bancos, nem sempre oferecem o melhor produto para seus clientes. Há muitos produtos com taxas embutidas e que são mais lucrativos para os bancos do que para o nosso bolso. Já vi bancos e assessores de investimentos oferecendo produtos que nem eles mesmos comprariam.

Gosto muito de um trecho do livro *Arriscando a própria pele: assimetrias ocultas no cotidiano* (Objetiva, 2018), do autor libanês naturalizado americano Nassim Nicholas Taleb, que diz: "Não me fale sobre sua opinião, me mostre o que você tem comprado". Taleb diz que boa parte dos gestores de investimentos acaba vendendo produtos que não consomem pelo simples fato de, com eles, receberem melhores comissões. Essa dinâmica faz com que o risco fique somente com o investidor e não com o gestor. Na lógica de Taleb, se todos estivessem "arriscando a própria pele", provavelmente, a relação entre as partes seria diferente e mais equilibrada.

Uma estratégia para balancear essa equação é perguntar quanto a outra parte está ganhando com aquele produto. Se houver honestidade na conduta, você terá acesso aos números reais da participação do seu gestor de investimentos no negócio e poderá tomar uma decisão com mais lucidez. Não sou contra remunerar bem quem faz um bom trabalho, pelo contrário, acredito que quem faz um bom trabalho, assumindo riscos e arriscando a própria pele, deve ganhar muito bem por isso. O problema é quando as taxas de administração do investimento são altas e o seu retorno fica aquém do esperado. E existem vários exemplos de produtos nessa linha, desde fundos passivos, que seguem índices e cobram altas taxas de administração e performance, até consórcios ou outros produtos bancarizados, que embutem altíssimas taxas sobre o investimento.

Vejamos o exemplo do Certificado de Depósito Bancário (CDB). Por ser da família dos ativos da renda fixa, esse tipo de produto possui regras de remuneração definidas no momento da aplicação e comumente estão atreladas a algum indicador. Na prática, no momento do aporte, você saberá o prazo do investimento, a taxa prevista de remuneração e, portanto, conseguirá projetar o valor aproximado que vai receber na retirada. Além disso, esses produtos são certificados pelo Fundo Garantidor de Créditos. Por todos esses motivos, a renda fixa é um dos investimentos mais populares no Brasil.

Por outro lado, existem fundos de investimento em renda fixa que, como o nome diz, investem nesses mesmos títulos que você pode investir por conta própria. Acontece que a maioria desses fundos embute suas taxas e comissões nesses produtos. Essa informação, apesar de estar descrita na oferta, muitas vezes não fica tão clara para os investidores. Conclusão: as pessoas que investiram nos trinta maiores fundos de renda fixa do país receberam, em média, 5% a menos do que aqueles que optaram por investir diretamente, fora desses fundos, em 2018.[19]

Você pode até estar pensando que a diferença é muito pequena quando colocamos na ponta do lápis; entretanto, posso comprovar que não é. Quando imaginamos trinta anos de investimentos, o valor equivalente a 5% a mais é bastante significativo. Mudar o seu mindset em relação a esse tipo de pensamento é o que o ajudará a ter mais rentabilidade em transações futuras. Você precisa sempre pensar nesses pequenos ganhos ao longo do tempo.

Outro fator que dificulta o acesso de pessoas físicas aos investimentos é a desinformação. A forma como a mídia de massa aborda o assunto é geralmente sensacionalista e nada aprofundada. Diariamente, recebemos notícias sobre índice Ibovespa, alta ou queda do dólar e juros, mas esses conceitos nos parecem tão distantes que não conseguimos entender a importância desses indicadores e como eles realmente impactam no nosso cotidiano. O problema, para mim, é o modelo de negócio no qual está estruturado o nosso jornalismo tradicional.

Explico melhor: é comum ouvirmos, por exemplo, que jornais, revistas e portais de notícias só divulgam matérias sobre crise e histórias "caça-cliques" e que é difícil se manter bem informado. Mas, do que vivem jornal, TV, sites etc.? De anúncios e patrocinadores. E esses anunciantes procuram veículos com muita audiência. A audiência, por sua vez, procura notícias "quentes" e inéditas. Em resumo, a receita da maioria dos veículos de comunicação está condicionada a conteúdos que atraiam mais público, e, portanto, é preciso produzir matérias de impacto. Isso acontece também com propagandas agressivas para venda de relatórios e análises... Certamente você já recebeu um e-mail ou viu uma propaganda no YouTube seduzindo você com uma oferta irresistível e uma frase de efeito. Nessa lógica, temas como a crise ou assuntos polêmicos são uma ótima forma de gerar mais audiência e manter essa roda girando.

As redes sociais também corroboram para a desinformação. Por um lado, são positivas porque fazem de qualquer pessoa um produtor de conteúdo e isso nos deu maior liberdade de expressão. Por outro, esse excesso de informações acaba causando bastante ruído. Nunca foi tão fácil publicar um conteúdo e nunca foi tão difícil se aprofundar em um tema.

Além disso, também estamos mergulhados na era das *fake news*, em que qualquer coisa sobre qualquer tema pode ser dita e propagada sem fundamentação e validação. E, mesmo sem verificar a fonte e a veracidade das informações recebidas, as pessoas compartilham nos grupos de WhatsApp e nas redes sociais. Por último, a liberdade de se expressar de forma tão livre acabou se tornando uma prática quase irresponsável de emissão de opiniões baseadas em achismos. É cada vez mais comum ver "gurus", "influencers" e até supostos "especialistas" falando besteiras e inverdades ou repetindo crendices populares que já foram invalidadas.

Para combatermos a desinformação e o medo que ela nos provoca, precisamos de informação de qualidade, resiliência para estudar e se aprofundar nos temas e consistência nas nossas ações. Lembre-se, sempre, da bola de neve. É esse o conceito que deve nos servir de guia todos os dias.

ENTENDA O SISTEMA PARA PODER DOMINÁ-LO

O sistema financeiro foi projetado para ser difícil, complexo e pouco acessível. As informações têm circulação restrita ou são divulgadas incompletas, e as decisões que afetam grandes populações são tomadas por poucas pessoas em pequenos grupos de poder do alto comando das instituições ou dos governos.

Mas acredito, sinceramente, que as regras do jogo estão mudando. E rápido. Para mim, estamos perto de assistir a um xeque-mate na estrutura tal qual ela se constituiu. A indústria financeira vem absorvendo um número cada vez maior de inovações tecnológicas, que impactam o setor de todos os lados, de fora para dentro e de dentro para fora. Seja com indivíduos criando produtos ou serviços inovadores, seja com startups trazendo novas soluções, o fato é que a capacidade de identificar e solucionar as dores dos indivíduos de forma mais certeira cresce exponencialmente e cada vez mais afastada das grandes e burocráticas instituições.

Antes, porém, de falarmos sobre a revolução financeira propriamente dita, é importante entendermos como chegamos até esse sistema fechado a inovações e distante do cotidiano da maioria das pessoas no mundo – não pense que esse problema é exclusividade do Brasil. Para mim, há uma questão primordial para esse entendimento: a invenção do dinheiro tal qual o conhecemos.

O dinheiro, por si só, não é nada. Pode ser um objeto qualquer ou um pedaço de papel desenhado. Mas seu valor físico não corresponde à sua representação simbólica. Se eu imprimisse a nota a seguir, você a aceitaria? Certamente não. Então, por que você aceita qualquer outro pedaço de papel impresso?[20]

Basicamente, o dinheiro tem valor quando:

+ **É um meio de troca, ao permitir que as pessoas negociem bens e serviços indiretamente;**
+ **É uma unidade de medida, para que todos entendam o preço dos bens;**
+ **É uma reserva de valor, que torna possível poupar no presente visando compras maiores no futuro.**

O dinheiro é valioso simplesmente porque é consenso entre as sociedades o fato de que todos o aceitarão como forma de pagamento. Essa é uma construção simbólica que se deu em mais de 5 mil anos de história.

No início, não havia moeda, praticava-se o escambo, ou seja, a simples troca de mercadoria por mercadoria, sem equivalência de valor.[21] Na Grécia Antiga, o boi, ou *pekus*, era utilizado como referência nas trocas comerciais. O sal foi outra moeda-mercadoria importante até 640 a.C.[22] No Brasil, circularam o cauri (uma concha de praia também parecida com o búzio,[23] trazida pelos escravos africanos), o pau-brasil, o açúcar, o cacau, o tabaco e o pano, trocado no Maranhão, no século XVII.[24] Até que o homem descobriu o metal e passou a utilizá-lo.

Primeiramente, o metal foi usado para fabricar utensílios e armas, que antes eram feitos de pedra. Por volta de 1100 a.C., os chineses deixaram de usar ferramentas e armas reais como meio de troca para usar réplicas em miniatura das mesmas ferramentas moldadas em bronze. Com o tempo, essas pequenas adagas, pás e enxadas foram abandonadas e substituídas por um objeto chato de formato circular e, também, menos espinhoso. Estas foram algumas das primeiras moedas de que se tem notícia.[25]

Em 600 a.C., o rei Alyattes da Lydia (atual Turquia) cunhou a primeira moeda oficial.[26] As moedas eram feitas de eletro, uma mistura de prata e ouro, e eram estampadas com figuras que identificam o valor de cada uma. A moeda da Lydia ajudou o país a aumentar seu comércio interno e externo, tornando-o um dos impérios mais ricos da Ásia Menor. No mesmo período, por volta de 700 a.C., os chineses substituíram suas moedas de metal pelo papel-moeda, tudo indica que devido à falta de metais. No lugar onde as notas norte-americanas dizem "Em Deus confiamos", a inscrição chinesa alertava "Todos os falsificadores serão decapitados".[27]

Quando Marco Polo visitou a China em 1271, percebeu que o imperador tinha um bom controle sobre o suprimento de dinheiro e decidiu levar essa ideia de papel-moeda para a Europa, que, naquele momento, não aceitou a sugestão. As moedas de metal continuaram sendo usadas até o século XVI, e a manutenção da circulação desse tipo de dinheiro só foi possível por causa da descoberta e extração de metais preciosos das colônias.

Até que, em 1661, aquela ideia levada por Marco Polo alguns séculos antes passou a fazer sentido, e o Swedish Stockholm Bank, na Suécia, tornou-se o primeiro banco a emitir dinheiro impresso em papel no continente europeu. Em seguida, sete anos depois, em 1668, foi criado o primeiro banco central do mundo no país, o Sveriges Riksbank.[28]

Com o tempo, os governos passaram a ter o controle da emissão dessas cédulas. O Banco Central da Inglaterra, por exemplo, foi criado em 1694, inicialmente como uma sociedade anônima privada.[29] Foi na Inglaterra, em 1816, que surgiu a ideia de uma moeda lastreada, quando da decisão de vincular a emissão do dinheiro à riqueza em ouro que havia no país. Havia um limite de impressão de notas, e a quantidade de dinheiro em circulação deveria ser a mesma da quantidade de ouro em propriedade do governo.

Algumas décadas depois, em 1879, os Estados Unidos adotaram o padrão-ouro de conversão,[30] baseando o valor da moeda no metal dourado. Assim, com 1 dólar você poderia sacar o equivalente em ouro. Essa prática de conversão começa a mudar, no entanto, após a Grande Depressão. Em 1933, o presidente norte-americano Franklin D. Roosevelt nacionalizou o ouro, emitindo uma ordem executiva que exigia que todas as moedas, barras e certificados de ouro fossem entregues ao Banco Central do país – Federal Reserve (Fed) –, sob pena de punição e multa. Essas políticas foram reforçadas no Gold Reserve Act de 1934, deliberação que aboliu a conversibilidade do dólar em ouro.

Em 15 de agosto de 1971, Richard Nixon, outro presidente norte-americano, colocou fim ao Acordo de Bretton Woods, de 1944, que previa que o regime de câmbio internacional ficasse indexado ao dólar norte-americano.[31] Na prática, desde a década de 1940, as principais moedas do mundo estavam atreladas ao dólar dos Estados Unidos e este, por sua vez, ao ouro. Desde o fim do Bretton Woods, o sistema monetário, pilar da economia mundial, não está baseado em nada palpável fisicamente. Somente na confiança.

UM SISTEMA BASEADO NA CONFIANÇA

E esse é o momento-chave da nossa história, que explica muito do que vivemos hoje. A partir do momento em que passaram a ter total controle da moeda, os governos e seus respectivos Bancos Centrais começaram a interferir diretamente na quantidade de moeda disponível em circulação no país, iniciando, assim, as guerras cambiais. Estamos falando de um processo de depreciação deliberada das moedas domésticas, com o propósito de estimular a economia do país. Imprime-se mais moeda para estimular o crescimento econômico, mas, como consequência, o poder de compra de uma nação acaba diminuindo no longo prazo.

Pode parecer um paradoxo, mas uma moeda forte não é necessariamente interessante aos olhos dos governantes. O Brasil pode ser tomado como exemplo: o Real fraco, ou seja, que é desvalorizado perante o Dólar, torna nossas exportações mais baratas e competitivas nos mercados globais e, ao mesmo tempo, encarece as importações. Maiores volumes de exportação estimulam o crescimento econômico, e importações caras têm um efeito semelhante, porque os consumidores optam por alternativas locais aos produtos importados.

Falando assim parece uma maravilha, mas a conta não é tão simples. Esses movimentos de estímulo à atividade econômica, ora por meio da injeção de liquidez por expansão monetária ora reduzindo as taxas de juros, criam distorções de preço. E esses não são movimentos econômicos naturais, mas, sim, movimentos artificiais que intensificam o surgimento de crises.

As justificativas para a desvalorização das moedas são diversas: financiamento de gastos públicos e de guerras; salvamento de empresas; compra de dívidas de nações falidas etc. E se eu disser a você que, por meio de um processo conhecido como *Quantitative Easing*, ou flexibilização quantitativa, desde 2008 diversos Bancos Centrais no mundo passaram a emitir mais moeda e a comprar títulos de dívida de países, títulos de dívida de empresas e até participação acionária em companhias? Para mim, isso não faz o menor sentido, é uma distorção. Em vez de construir um cenário positivo para a geração de riqueza, esses Bancos Centrais acabam desvalorizando as moedas nacionais ao aumentar o dinheiro em circulação (o que eles chamam de injetar liquidez no mercado), fazendo incentivos em determinadas indústrias ou tomando decisões inapropriadas, como, por exemplo, tornarem-se sócios de empresas falidas ao comprar suas dívidas. Esse movimento produz um cenário artificial de crescimento que provoca, inevitavelmente, crises contínuas.

Neste momento, estamos vivendo, provavelmente, o fim do ciclo de crescimento pós-crise de 2008. Segundo alerta o Fundo Monetário Internacional (FMI), a dívida pública atingiu o maior patamar da história em 2019.[32] A dívida global – que representa a soma dos empréstimos feitos pelo governo e por empresas públicas e privadas internacionalmente – alcançou 244 trilhões de dólares ou mais que duas vezes o tamanho da economia global.[33] E é por isso que, a meu ver, existe a possibilidade de enfrentarmos uma nova crise nos próximos anos que tem potencial para ser igual ou ainda maior que a de 2008.

Outro exemplo de distorção é o que está acontecendo nos últimos anos com as Ofertas Públicas Iniciais – Initial Public Offering (IPO). Para você entender melhor, quando uma empresa precisa de capital para investir no seu negócio, ela pode ir à Bolsa para captar sócios e recursos através de IPOs. O problema é que algumas empresas de tecnologia, como a Uber, parecem não se preocupar em entregar rentabilidade para seus acionistas. O dinheiro destinado ao risco está tão abundante que a Uber chegou a incluir no prospecto da oferta pública a sua dificuldade em gerar receita e a despretensão em ter lucro no longo prazo.[34] Mesmo assim, a ação da Uber na Bolsa foi negociada por um valor sete vezes maior do que a receita apresentada pela empresa: com uma receita de 11,27 bilhões de dólares e um valor de mercado no momento da IPO de 82 bilhões de dólares.[35]

Fica difícil de entender, não? Você compraria a ação de uma empresa que diz abertamente que talvez nunca venha a dar lucro? É por causa dessas distorções que é importantíssimo entender a dinâmica dos ciclos econômicos. Historicamente, as grandes disrupções causam tanto impacto que vêm acompanhadas de grandes crises.

O DINHEIRO É VALIOSO SIMPLESMENTE PORQUE É CONSENSO O FATO DE QUE TODOS O ACEITARÃO COMO FORMA DE PAGAMENTO. ESSA É UMA CONSTRUÇÃO SIMBÓLICA QUE SE DEU EM MAIS DE CINCO MIL ANOS DE HISTÓRIA.

Em um sistema baseado em confiança, e que é cada vez mais difícil saber em quem confiar, precisamos refletir sobre uma pergunta: quem foi que disse que o dinheiro é seu? Se houvesse uma corrida aos bancos, boa parte da população sairia sem nada e a confiança acabaria.[36]

Pois é, o controle sobre a moeda e sobre o dinheiro serve também como um controle social. No momento em que mais moeda pode ser criada com um simples clique no computador, a sociedade acaba se tornando refém de algo que nem entende e mais distorções são criadas.

ENTENDENDO OS CICLOS ECONÔMICOS

Os ciclos econômicos são os movimentos de expansão monetária que levam às distorções econômicas. Taxas de juros baixas estimulam a concessão de crédito, aumentando a oferta de dinheiro circulante. Esse aumento da oferta monetária conduz a um período de crescimento insustentável, em que o dinheiro "sobrando" procura oportunidades de investimento progressivamente menos rentáveis e, consequentemente, mais arriscadas.

Em ciclos de expansão, a euforia é comum e domina os mercados. Normalmente, esses períodos são marcados por sequências de péssimas decisões econômicas. Tanto governos quanto empresários e famílias acabam por aumentar os níveis de endividamento, além de sobreprecificar a maior parte dos ativos, pois estão todos animados com o crescimento da economia – mesmo que a animação tenha uma base artificial.

A melhoria nos termos de troca, chamada de balança comercial, geralmente se traduz em um menor déficit em conta corrente, que reduz a taxa de emprego e aumenta o crescimento do PIB. As políticas monetárias estimulantes, que normalmente resultam em uma moeda fraca, também têm um impacto positivo no mercado de capitais. O capital migra para mercados mais lucrativos e acaba aumentando o consumo doméstico. É o que acontece com o mercado de habitação, por exemplo, por meio da facilitação do crédito e do estímulo imobiliário.

Mas, como esse processo é artificialmente induzido, há um momento em que esse crescimento se torna insustentável, causando, assim, uma correção do próprio sistema. A Escola Austríaca de Economia, que faz a análise do ciclo econômico desta forma, nomeia esse momento de correção de crise creditícia, mais popularmente conhecida como recessão, momento em que a oferta monetária se contrai repentinamente e as taxas de juros voltam a subir. Com a alta da taxa de juros, os investimentos menos rentáveis feitos no período de *boom* tornam-se deficitários e menos interessantes. E, com isso, o dinheiro passa a migrar mais uma vez, provocando a venda desses ativos, intensificando o ciclo de baixa com o fechamento de empresas deficitárias e causando desemprego.

Resumidamente, os ciclos econômicos configuram-se por um período de expansão, pico, contração ou depressão, recuperação e retomada do crescimento. Os movimentos de retração são marcados por grandes crises, locais ou globais, que configuram o início da fase de contração.

A seguir, listei alguns importantes momentos econômicos do último século. Quando falamos em investimentos, entender esses movimentos é fundamental para estarmos preparados para o próximo passo.

1929: A CRISE DE 29

Após uma fase de grande prosperidade econômica, marcada pelo fim da Primeira Guerra Mundial, em 24 de outubro de 1929, também conhecida como "Quinta-Feira Negra",[37] tem início uma das maiores crises da história norte--americana, que levou uma série de empresas à falência.

1971: O FIM DO SISTEMA PADRÃO-OURO

Entre 1944 e 1971, vigorava o sistema de Bretton Woods,[38] garantindo a conversibilidade direta do dólar norte-americano em ouro. Com os gastos excessivos dos EUA no exterior e a Guerra do Vietnã, os Bancos Centrais europeus mostraram a intenção de resgatar, em ouro, o máximo possível de seus inflados estoques de dólares.[39] Foi então que, em 15 de agosto de 1971, o presidente Nixon decidiu acabar com o padrão dólar-ouro. A decisão foi feita de forma unilateral e sem aviso prévio, tornando o dólar totalmente fiduciário, ou seja, sem qualquer lastro em ouro e totalmente baseado na confiança. Com isso, o valor da moeda deixou de estar respaldado pelo metal. Na época, o dólar sofreu uma forte desvalorização e o país passou a adotar um regime de câmbio flutuante, no qual o governo deixa o mercado se regular livremente, interferindo através da política monetária, com o controle da taxa básica de juros da economia e da base circulante de moedas e, às vezes, atuando diretamente por meio de operações cambiais.

1994: A CRISE DOS MERCADOS EMERGENTES

Uma série de crises atingiu os mercados emergentes a partir de 1994, levando a uma das primeiras grandes crises globais. O primeiro país a sentir seus efeitos foi o México. Incapaz de manter a taxa de câmbio fixa em relação ao dólar, o governo anunciou a desvalorização da moeda nacional, causando uma grave falta de confiança na economia mexicana e desencadeando uma grande saída de capital do país. Os créditos cessaram, a produção diminuiu e, consequentemente, o desemprego aumentou muito, atingindo mais de 60%[40] da população economicamente ativa.

1997: SEGUNDA FASE DA CRISE DOS MERCADOS EMERGENTES[41]

A segunda fase da crise dos mercados emergentes atingiu os países do Sudeste Asiático. Em julho de 1997, a moeda tailandesa sofreu desvalorização, seguida pelas moedas da Malásia, da Indonésia, das Filipinas, de Taiwan, de Hong Kong e da Coreia do Sul. Esse cenário se deu porque os países estavam com um endividamento crescente e com um cenário de "bolhas de crédito", ou seja, em processo de facilitação na liberação de recursos para estimular o crescimento. A crise na Ásia repercutiu mundialmente, pois diminuiu a demanda por *commodities* no mundo. Consequentemente, reduziu os preços do petróleo e dos minerais não ferrosos, importantes produtos de exportação da Rússia, que também foi atingida.

A próxima peça a cair nesse dominó foi o Brasil. Apesar de o Plano Real, de 1994, ter tido sucesso na missão de acabar com a forte inflação que vinha marcando o país desde os anos 1980, os problemas estruturais – como juros elevados e câmbio desvalorizado – o deixaram vulnerável a crises internacionais. Mesmo com o corte de despesas e o aumento da carga tributária, o Brasil sofria com o aumento da dívida externa e da dívida pública e não conseguiu passar imune à segunda fase da crise que começou em 1994.

2000: A CRISE DAS PONTOCOM

Na virada do milênio, o entusiasmo com a inovação tecnológica inflou o valor das empresas da época, mesmo daquelas que não apresentavam faturamento que sustentasse tal valor, criando uma bolha. A crise das pontocoms foi trágica para muita gente. Em três anos, 5 mil empresas fecharam ou quebraram, algumas delas grandes corporações da indústria das telecomunicações.[42] Em 10 de março de 2000, o principal índice da Nasdaq, maior representante das empresas da nova economia e de tecnologia, fechou em 5.048,62 pontos, máxima histórica.[43] Mas, por ser um panorama artificial, as empresas não aguentaram e começaram a falir logo em seguida.

2007-2008: A CRISE DO SUBPRIME

Os EUA sofreram a maior crise financeira desde os anos 1930 em consequência de um relaxamento na avaliação do risco dos créditos hipotecários e da explosão de uma bolha no mercado imobiliário, que acabou contagiando o restante do mundo. A concessão desenfreada de créditos imobiliários, além da transferência em série desses créditos (através de instrumentos complexos como CDS, CDO etc.), favoreceu uma deturpação nas análises de risco desses títulos, levando diversas instituições financeiras à insolvência. Esse movimento foi controlado pelos Bancos Centrais, que resgataram essas instituições através da compra dos títulos privados e públicos. Somado a isso, os BCs também adquiriram participação societária nessas instituições, na prática já mencionada anteriormente, a *Quantitative Easing*,[44] ou flexibilização quantitativa.

2014: RECESSÃO BRASILEIRA

Apesar de a crise de 2007-2008 ter sido global, o Brasil não chegou a senti-la graças às políticas de expansão monetária praticadas pelo governo da época. A crise acabou por chegar ao Brasil somente em 2014, principalmente por causa da queda do preço das *commodities* e da insegurança política vivida no país. Assim como nas outras crises, milhões de pessoas perderam seus empregos ou viram seus salários diminuir ou estagnar, enquanto a inflação aumentava consideravelmente no mesmo período.

2019: O MAIOR CICLO DE EXPANSÃO ECONÔMICA DA HISTÓRIA DOS ESTADOS UNIDOS, EM UM MOVIMENTO QUE REPERCUTE NO MUNDO. A BOLSA BRASILEIRA NA MÁXIMA HISTÓRICA.

Movimento de juros negativos em boa parte dos países desenvolvidos do mundo, como no Banco Central Europeu, Banco Nacional da Suíça, Banco da Suécia, Banco do Japão.[45] Na prática, é como se os bancos tivessem que pagar uma taxa aos Bancos Centrais dos seus respectivos países por manter suas reservas. Além disso, assistimos à inversão das curvas de juros de longo e curto prazo, o que pode significar que a confiança no longo prazo está em xeque. Isso quer dizer que talvez estejamos diante de uma próxima crise global.

Em uma entrevista que fiz com o economista Hélio Beltrão,* ele comentou que "a crise de 2008 foi um tubo de ensaio, pois não curou. A próxima será pior".

---

* Hélio Beltrão, em entrevista de concedida ao autor em 15 ago. 2019.

EM UM SISTEMA BASEADO EM CONFIANÇA, E QUE É CADA VEZ MAIS DIFÍCIL SABER EM QUEM CONFIAR, PRECISAMOS REFLETIR SOBRE UMA PERGUNTA: QUEM FOI QUE DISSE QUE O DINHEIRO É SEU?

A REVOLUÇÃO FINANCEIRA

BITCOIN E O SURGIMENTO DE UM SISTEMA ALTERNATIVO E DESCENTRALIZADO

A revolução financeira pela qual estamos passando é disruptiva e vai transformar por completo o mundo no qual vivemos. E é importante termos em mente que essa é uma transformação que não ficará restrita a uma elite rica ou a pessoas ligadas à tecnologia. Não. Ela afetará a todos, de forma indistinta; ricos e pobres, em países mais ou menos desenvolvidos.

É provável que, hoje, você quase não use o seu celular para fazer ligações. E este é um avanço enorme em apenas uma década. O desenvolvimento recente da tecnologia é cada vez mais democrático, abrangendo quem tem maior ou menor grau de familiaridade com as diversas inovações em geral.

Comparo essa revolução a momentos de rompimento radical com o passado tal qual conhecíamos. A invenção da prensa, pelo alemão Johannes Gutenberg, em 1440, marcou um desses momentos da História. Essa nova máquina possibilitou a democratização da informação, o surgimento de uma comunidade de leitores até então inexistente e a criação de veículos de massa como jornais e revistas.[46] Há, no entanto, outra consequência profunda da criação de Gutenberg. A possibilidade de imprimir a Bíblia – que até então era transcrita manualmente – deu às pessoas acesso a um conteúdo restrito e poderoso que serviu de base para a erupção da Revolução Luterana. Naquele momento, as pessoas entenderam que poderiam ter acesso direto ao texto sagrado e não precisavam, necessariamente, de um intermediário para ler e interpretá-lo.

No fim do século XIX, o telégrafo já existia, mas tinha um inconveniente que dificultava sua distribuição. Para usá-lo, era necessário ter um fio para conectar os dois pontos da mensagem. Foi então que o italiano Guglielmo

Marconi inventou um sistema cujo sinal viajava pelo ar: o rádio.[47] Outro momento de revolução marcante.

A internet foi uma das últimas invenções completamente disruptivas pelas quais passamos. Foi criada com o objetivo de interligar militares e cientistas de forma segura e independente, em um contexto de guerra – como era o caso na época, em que vivíamos a Guerra Fria.[48] A partir de 1982, a Arpanet expandiu-se no âmbito acadêmico norte-americano e, em seguida, para outros países. Em 1987, houve o uso comercial nos EUA pela primeira vez e, em 1995, no Brasil.[49]

Resumindo, a primeira revolução da informação começou com a prensa, passou pelo telegrama, depois pelo rádio, pela televisão, pelo telefone e, então, pela internet. Mas a internet carrega um componente interessante, pois engloba todas as revoluções em uma só: você pode escutar música, ler um texto, ver vídeos, enviar mensagens e aprender sobre qualquer coisa,[50] tudo dentro da web. E a internet não é revolucionária só por permitir acesso a conteúdos em geral, mas pela sua característica democrática. E será ela, enquanto plataforma livre e acessível a todos, que tornará possível a revolução financeira.

No início de seu desenvolvimento, a internet até recebeu diversas críticas. Hoje, ninguém mais tem dúvidas em relação à transformação radical da internet. Na verdade, os jovens que nasceram após o surgimento da World Wide Web não conseguem sequer conceber um mundo sem a rede. Como dizia Gandhi: "Primeiro eles te ignoram. Depois, eles riem de você. Então, brigam contra. Por fim, você vence". Ou seja, até chegarmos a um consenso sobre a importância da disrupção, há muito trabalho a ser feito.

É este o momento que estamos vivendo: a revolução financeira acontecerá em várias frentes e tem como base um conjunto de invenções desenvolvidas por pessoas (individualmente ou em grupos) ou por startups que estão repensando a nossa forma de nos relacionarmos com o dinheiro e com as informações que circulam na rede. Para mim, essa revolução será tão poderosa quanto a da própria internet foi. E por muitos motivos. Um deles é que a tecnologia tem trazido transformações que democratizam serviços, produtos e também mudam a nossa percepção do que é liberdade. Os caminhos oferecidos pelas inovações tecnológicas são imprevisíveis, inimagináveis e têm como foco o indivíduo livre e empoderado.

MOEDA COMO FORMA DE CONTROLE

Como vimos, o dinheiro já teve vários formatos, como ouro, prata, sal e papel. Mas, na prática, um pedaço de papel não tinha valor em si, até o momento em que alguém — um governo ou uma instituição privada — deu a ele confiança para que se transformasse em dinheiro. A partir dessa decisão simbólica, o dinheiro se transformou em uma linguagem, ou melhor, um protocolo, que os seres humanos usam para convencionar e expressar valor um ao outro. No Brasil, nossa unidade de troca oficial é o Real. Mas há mais de cem moedas sociais paralelas usadas em locais como tribos indígenas e comunidades.[51] Estima-se que mais de 42 milhões de reais foram transacionados em moedas sociais entre 2015 e 2018 no Brasil. Outros países, como Nova Zelândia, Austrália, Reino Unido, França, Estados Unidos e Alemanha também possuem moedas desse tipo.[52]

Além das oficiais e sociais, há ainda outros tipos de moedas que usamos no nosso cotidiano sem nos darmos conta. Milhas do cartão de crédito, cartões de vale-presente e programas de fidelidade exemplificam outros formatos possíveis de troca. Mas, e se falássemos de uma moeda que é informação, que viaja pela internet e que é totalmente desvinculada de instituições, sejam elas públicas ou privadas? Por incrível que pareça, a invenção de uma moeda universal, neutra e independente da regulação de um governo ou de um Banco Central tem sido cogitada há algumas décadas.

Essa ideia já estava na cabeça de um grande economista norte-americano e ganhador do prêmio Nobel de Economia em 1976, Milton Friedman.[53] Ainda em 1999, ele disse o seguinte: "A internet será uma das principais forças para reduzir o papel dos governos. A única coisa que está faltando, mas que será desenvolvida em breve, é um dinheiro eletrônico confiável. Um método no qual, pela internet, você pode transferir recursos de A para B, sem que A e B se conheçam. Uma forma pela qual eu possa enviar 20 dólares para você sem que haja registro de onde veio esse dinheiro e que você possa recebê-lo sem que saiba quem eu sou. Esse tipo de coisa será criada dentro da internet".

Friedman foi genial em sua análise e visão. Particularmente, eu não acredito que moedas precisem de controle de governos para funcionar. Também vi muito sentido no que Fernando Ulrich, mestre em Economia da

Escola Austríaca, disse:* "Para mim, a moeda deveria ser entendida como uma instituição privada e também deveria estar inserida em um regime concorrencial, no qual as pessoas poderiam poder produzir e escolher qual moeda usar".

Quando entendemos a história do dinheiro, percebemos que a moeda se transformou em um sistema de controle, cujo poder se restringe a um grupo de pessoas e instituições que controlam esse protocolo. E esse controle se dá, principalmente, pelo monopólio da moeda por parte dos governos, que construíram uma relação de coerção e artificialidade entre a moeda e a sociedade como forma de garantir o controle social. Mas isso já está mudando. E essas mudanças teriam chegado antes se o sistema fosse de fato pensado para dar poder e beneficiar os cidadãos, em vez de garantir vantagens e barreiras de mercado para pequenos grupos de interesse.

Sabe a moeda que Milton Friedman imaginou vinte anos atrás? Pois é, agora ela já existe. O Bitcoin foi criado em 2008 e tornou possível que pessoas que não se conhecem façam transações entre si sem que exista alguém intermediando essa troca.

UMA MOEDA LIVRE E DIGITAL

As primeiras experiências de uma moeda digital surgiram no final da década de 1980. Foram projetos que enfrentaram limitações e desafios, mas que acabaram se tornando peças de um quebra-cabeça que foi sendo construído de forma global e descentralizada, ao longo dos anos, até culminar no Bitcoin.

A amplitude, o poder e a escala global da rede do Bitcoin não teriam sido possíveis em outros momentos da internet e sem que outros desenvolvedores não tivessem conseguido avançar na tecnologia da criptografia e no conceito de rede descentralizada.[54] É por isso que a história da moeda digital está muito conectada ao espírito Cypherpunk dos anos 1980, um grupo de criptógrafos, cientistas e apaixonados pela internet que mantinham uma lista de e-mails que, mais tarde, ficaria famosa por hospedar a primeira versão pública do *paper* do Bitcoin.[55]

---

* Fernando Ulrich, em entrevista concedida ao autor em 15 ago. 2019.

Assim como a internet foi criada dentro do ambiente militar e, em um primeiro momento, restrita a grupos muito pequenos de pessoas, a criptografia também foi criada como artefato de guerra. Os Cypherpunks entenderam que a criptografia precisava chegar ao dia a dia das pessoas comuns (e chegou mesmo, já que todas as mensagens de WhatsApp, por exemplo, são criptografadas) e que seria perigoso o fato de essa tecnologia ser controlada por apenas um governo. Por isso, decidiram disseminá-la mundialmente.[56] E é nesse contexto que são criadas as primeiras experiências de moeda digital, como demonstra o artigo *The Evolution of Digital Cash*.[57]

+ A primeira tentativa de criação de um dinheiro digital conhecida foi o **eCash**, criada em 1983 pelo criptógrafo americano David Chaum. É reconhecido como o projeto que deu as bases para o DigiCash.

+ **DigiCash** foi lançado em 1989. Centralizado, usou um sistema de chaves criptografadas com algumas semelhanças ao sistema usado pelo Bitcoin hoje.

+ **Hashcash**, de 1997, foi inicialmente concebido como uma forma de limitar o recebimento de spam, forçando o remetente a resolver um enigma computacional. A ideia não foi para a frente, nem como um mecanismo de proteção a spam nem como instrumento financeiro. Porém, serviu de base para a lógica de Prova de Trabalho – Proof of Work (PoW) – na mineração do Bitcoin: para criarem novos Bitcoins, os mineradores precisam resolver enigmas.

+ **B-money**, de 1998, explorava uma forma de criar uma moeda anônima, dentro de um sistema distribuído, no qual o dinheiro era criado pela resolução de enigmas similares ao proposto pelo Hashcash.

+ **BitGold**, também de 1998, desenhou um algoritmo baseado em resolução de enigmas (PoW) que ajudou a criar o modelo de consenso existente na blockchain do Bitcoin, em que os usuários da rede precisam aprovar as transações.

+ **PayPal**, de 1998, é um primeiro caso de disrupção do meio de pagamento mundial. O PayPal, em si, não é uma moeda, mas foi a primeira plataforma a possibilitar transações financeiras ao redor do mundo em qualquer moeda. Foi uma revolução à sua época.

QUANDO ENTENDEMOS A HISTÓRIA DO DINHEIRO, PERCEBEMOS QUE A MOEDA SE TRANSFORMOU EM UM SISTEMA DE CONTROLE, CUJO PODER SE RESTRINGE A UM GRUPO DE PESSOAS E INSTITUIÇÕES QUE CONTROLAM ESSE PROTOCOLO.

+ **Proofs of Work reusáveis (RPOW)**, de 2004, foi uma tentativa de transformar Proofs of Work em tokens intercambiáveis. O criador dessa ideia, Hal Finney, foi o primeiro usuário conhecido a receber um Bitcoin.

Todo esse processo de insubordinação ao sistema vigente, de vontade de encontrar caminhos descentralizados e de tentativas de criação de uma moeda digital resultou no artigo *Bitcoin: A Peer-to-Peer Electronic Cash System* [Bitcoin: um sistema de dinheiro eletrônico *peer-to-peer*],[58] publicado no dia 18 de agosto de 2008, por Satoshi Nakamoto, em uma lista de discussão sobre criptografia,[59] que criou as bases para o surgimento do Bitcoin, uma moeda digital, neutra, independente, criptografada e baseada em uma tecnologia completamente segura, que posteriormente veio a ser conhecida como blockchain.

A criptografia é uma questão-chave pois garante a privacidade, elemento fundamental para que o dinheiro seja livre de verdade. Existe, inclusive, uma frase, como lembrou o Rafael Palermo,* do criptógrafo cypherpunk Phil Zimmermann[60] que diz: "Se privacidade é contra a lei, somente os fora da lei terão privacidade".

Para mim, o lançamento desse *paper* é muito significativo. Ele foi criado "no momento em que as instituições financeiras tradicionais estavam sendo questionadas por seus atos e perderam, em grande medida, a confiança do grande público".[61] O fato de o Bitcoin ter sido desenhado exatamente com essas características não é acaso nem coincidência, é uma resposta de indivíduos independentes à crise de 2008 e ao sistema financeiro tal qual ele existe.

BITCOIN COMO RESPOSTA AO SISTEMA CENTRALIZADO

Para o empresário e analista Richard Rytenband, "as criptomoedas vieram para dar uma lição a todos. Com uma estrutura distribuída, os erros localizados não colocam o todo em risco. Ao mesmo tempo em que as pessoas estão próximas aos problemas e todo mundo responde pelos erros. Todo mundo está arriscando a própria pele".**

---

* Rafael Palermo, em entrevista concedida ao autor em 20 nov. 2019.
** Richard Ryterband, em entrevista concedida ao autor em 7 ago. 2019.

Já falei sobre esse período quando abordei os ciclos econômicos. Mas a crise do Subprime, além de ser a mais recente, é também das mais simbólicas, por isso falo tanto dela. Na década de 2000, os bancos estimulavam as pessoas a se endividarem o máximo possível para comprar casas. Embora não tivessem recursos próprios, as condições eram tão vantajosas que os norte-americanos compravam uma, duas ou três casas, pois era vantajoso comprar imóveis e alugar em seguida. Tudo isso porque o Banco Central norte-americano – Federal Reserve (Fed) – mantinha as taxas de juros baixas a fim de incentivar empréstimos hipotecários e estimular a economia pós-estouro da bolha dos pontocoms.

As instituições que emprestavam esses recursos transferiam essas hipotecas para outras instituições, que empacotavam em produtos financeiros e revendiam como produtos de investimento para fundos de pensões, bancos e outros investidores institucionais. O fato é que muitos dos produtos vendidos com classificação máxima de segurança (AAA), na verdade, continham hipotecas de alto risco, conhecidas como Subprime. Como já vimos, em momentos de euforia, a lógica pode acabar sendo ignorada, e, mesmo sabendo que os ativos-base eram podres, o dinheiro era abundante e os executivos dessas instituições acabaram por tomar decisões irracionais... O que estava em jogo era ganhar bônus milionários.

Todo mundo sentiu o resultado da ganância e da irresponsabilidade dessa turma; a pele deles não estava em risco, afinal. Quando o Fed começou a aumentar suas taxas a partir de 2004, o mercado imobiliário prontamente reagiu. As famílias que tinham hipotecas com taxas de juros ajustáveis viram seus empréstimos explodirem e acabaram ficando estranguladas. Ninguém mais conseguia crédito. O estrago já estava feito. E a bolha que foi criada estourou em 2008, espalhando-se pelo mundo todo. E quem pagou o preço foi a população.

Diante disso, quais foram os remédios dos governos e Bancos Centrais do mundo para conter a crise? Imprimir moeda para pagar as dívidas dos bancos. Entretanto, quando se imprime mais moeda, a balança se desequilibra, pois o governo desvaloriza o dinheiro circulante e diminuiu o poder de compra da população. Ou seja, para pagar o estrago feito pela crise, os governos se endividaram e continuaram emitindo moeda para manter a taxa de juros baixa – a mesma fórmula usada nos anos 2000, que resultou na ruína de 2008.

Você entendeu como uma decisão que parece tão distante e centralizada na mão de poucas pessoas atinge o seu bolso? É por isso que saber se proteger é uma das lições mais importantes do investidor inteligente. Primeiro, nós precisamos sobreviver ao jogo, protegendo nosso patrimônio em um cenário de crise. Segundo, precisamos entender que as inovações financeiras chegaram para devolver o poder do dinheiro aos seus donos de fato: os cidadãos.

A BRIGA COM O SISTEMA

Em 2019, Roberto Setubal, presidente do Itaú Unibanco, disse em uma reunião com analistas e investidores: "Estamos vivendo um mundo em grande transformação. Não temos resposta para o que queremos e isso nos angustia toda noite [...] Fintechs estão batendo na nossa porta todo dia".[62]

Veja bem, é o Roberto Setubal falando, líder à frente do maior banco brasileiro.[63] E não é só ele. O presidente do Banco Central do Brasil, Roberto Campos Neto, afirma que a transformação é inevitável e que o sistema financeiro precisará se adaptar a essas mudanças. "Eu sempre considerei o banco uma espécie de forte com cinco pilares. O primeiro pilar é o ponto de contato por meio das agências bancárias, o segundo é o meio de pagamento, o terceiro é o balanço, o quarto é o monopólio de informações que o banco detém de seus clientes e o quinto é possuir uma plataforma fechada", explica. "A tecnologia está entrando em todos esses pilares. O que os bancos estão fazendo é disruptar a si próprios. Ou seja, já que alguém vai me disruptar, que seja eu mesmo."* E ele não poderia estar mais certo. Profissionais independentes e startups financeiras, as chamadas fintechs, surgem em todos os cantos do planeta com soluções simples e focadas no indivíduo, principalmente, na dor de milhões de pessoas que nunca se sentiram confortáveis e acolhidas em uma agência bancária.

O fato é que a indústria tradicional está vivendo algo inusitado na sua história: indivíduos e startups estão colocando em xeque a importância de instituições até então tidas como intocáveis. Elas não só estão tendo que aprender a lidar e se adaptar a um cenário de disrupção intensa, como

---

* Roberto Campos Neto, em entrevista concedida ao autor em 1 nov. 2019.

também precisam dar respostas rápidas aos seus investidores e aos seus clientes. Os conceitos de Bitcoin e blockchain não são mais algo obscuro, dominado apenas por um grupo de Cypherpunks que optam por se manter em anonimato na internet.

O jogo inverteu e os grandes bancos estão trabalhando arduamente para entender esse novo cenário. E, não encontrando respostas dentro de casa, perceberam que terão que se aliar aos seus maiores concorrentes neste cenário – as próprias fintechs. A seguir, apresentarei alguns casos para você entender a dimensão dessa transformação:

+ O Santander agiu depressa e foi o primeiro a usar a tecnologia blockchain para transferências internacionais. Em abril de 2018, o banco lançou o One Pay FX, um serviço que possibilita aos seus clientes enviarem uma espécie de TED para outro país em duas horas. Sim, eu disse duas horas. Há pouco tempo essa operação demoraria dias (no mínimo, 48 horas) e demandaria diversos intermediários para que o dinheiro chegasse até a outra ponta.[64] O banco espanhol levou dois anos para desenvolver a operação baseada na tecnologia blockchain da fintech Ripple.[65]

+ O Banco Itaú lançou o aplicativo iti para competir com outras empresas pelos meios de pagamento, principalmente com as fintechs que, como vimos, estão revolucionando essa área. O usuário pode transferir dinheiro para o aplicativo a partir de outras plataformas, inclusive por boleto bancário, e fazer transferências e pagamentos por meio do aplicativo (via QR Code). O slogan do iti é "dinheiro no celular para pagar e receber". Com este produto, o Itaú mira os brasileiros de baixa renda e, também, os desbancarizados, já que não é necessário ter conta em banco nem comprovar renda para se cadastrar.*

+ O BTG Pactual, maior banco de investimento da América Latina, decidiu entrar no mundo dos criptoativos com o lançamento da sua própria moeda digital,[66] o ReitBZ, lastreado no mercado imobiliário.[67] Isso quer dizer que um chinês ou um alemão poderão participar do mercado imobiliário brasileiro ao comprar o ativo. Esse processo de

---

* Todas as informações foram retiradas do site do aplicativo, disponível em iti.itau.

tokenização – um token é a representação digital de algo, pode ser a própria criptomoeda ou um documento – tem sido um movimento importante dos bancos tradicionais, que conseguem criar ativos globalmente negociáveis. A partir do ReitBZ, o BTG ganha escala mundial (já que não há fronteira no mundo digital) com ativos geograficamente presos no Brasil.

+ O Banco Central do Brasil também está se mexendo nesse sentido. A instituição liberou os pagamentos instantâneos em qualquer momento do dia e da semana. Algo que estava restrito ao horário comercial foi ampliado para acontecer 24 horas por dias, sete dias por semana. A instituição explica que a ideia por trás desse tipo de transação em tempo real é fomentar o mercado de fintechs para que elas tenham ferramentas para desenvolver soluções inovadoras na área de pagamento, tanto para os pagadores quanto para os recebedores.*

+ As criptomoedas estão no radar das grandes instituições financeiras, assim como dos órgãos oficiais de todo o mundo. Não há como brigar com uma tecnologia tão disruptiva assim, por isso, o sistema tradicional decidiu estudar e fazer uso dessa inovação. Um passo importante dado nesse sentido foi a criação, em outubro de 2019, de um Programa Piloto que pode permitir modelos de negócios relacionados a criptoativos e à circulação dessas moedas entre as nações. A iniciativa é da Rede Global de Inovação Financeira (GFiN ou Rede), grupo composto por 35 órgãos reguladores de serviços financeiros com status de membro pleno e sete observadores, incluindo a Comissão de Valores Mobiliários do Brasil (CVM), o FMI e o Banco Mundial.[68]

+ Na Nasdaq, segunda maior Bolsa de Valores dos Estados Unidos, atrás apenas da Bolsa de Nova York, os profissionais começaram a acompanhar e estudar a blockchain em 2013. Segundo Johan Toll, vice-presidente de ativos digitais da Nasdaq Market Technology, há uma cultura dentro da Nasdaq de estudar como as novas tecnologias podem transformar e disruptar o mercado financeiro.

---

* As informações foram retiradas do site do Banco Central e você poderá acessar em bcb.gov.br/estabilidadefinanceira/pagamentosinstantaneos.

PRIMEIRO, PRECISAMOS SOBREVIVER AO JOGO, PROTEGENDO NOSSO PATRIMÔNIO EM UM CENÁRIO DE CRISE. SEGUNDO, PRECISAMOS ENTENDER QUE AS INOVAÇÕES FINANCEIRAS CHEGARAM PARA DEVOLVER O PODER DO DINHEIRO AOS SEUS DONOS DE FATO: OS CIDADÃOS.

A percepção de que blockchain seria algo importante era tão grande que, imediatamente, eles criaram grupos de estudo internos para se aprofundar no assunto.

A primeira ocorrência do uso da tecnologia aconteceu em 2015, através de uma emissão privada de ações de empresas conectadas à rede distribuída. Em seguida, trabalharam com o banco americano TD Bank para emitir dinheiro através da blockchain.

Johan e Tony Sio, chefe do Marketplace Regulatory Technology da Nasdaq, concordam que a grande inovação está no potencial da confiança da blockchain, já que é possível fazer transações de moedas ou tokens sem intermediários, diretamente entre os usuários, sem que eles se conheçam ou confiem um no outro.* Para eles, a blockchain será o futuro das relações de confiança no mundo, considerando que é impraticável modificar a transação efetuada, o modelo se torna incorruptível.[69]

Cada empresa acaba se rendendo às inovações tecnológicas a seu modo. Inevitavelmente, haverá disputa de poder e muita briga. Afinal, os grandes players não querem perder seu *statu quo*. Mas, eles terão que entender – já estão entendendo, na verdade – que precisam se adaptar rapidamente.

Minha percepção é muito parecida com a do Peter Thiel, criador do PayPal. Para ele, o Bitcoin é uma tecnologia libertária e, mesmo havendo atualmente um viés muito forte para a centralização de dados e de informações, "as criptomoedas e a criptografia serão uma forma de garantir uma sociedade com menos vigilância governamental e com menor concentração".[70] Assim como vislumbraram os Cypherpunks quase quarenta anos atrás.

E quem irá se beneficiar disso tudo seremos nós, enquanto indivíduos. Para Felipe Sant'Ana, sócio da Paradigma Capital, "o dinheiro vai ser percebido, cada vez mais, como meio de expressão. E isso significa que ele vai ter cada vez mais formatos diferentes, emissores diferentes, espécies diferentes. E isso vai ser democratizador, assim como a internet foi para

---

* Johan Toll e Tony Sio, em entrevista concedida ao autor em 3 jul. 2019.

a publicação e a disseminação de informação. E vai causar muito distúrbio, também como a internet causou. O lado bom para você, indivíduo, que não é dono de um banco ou alguma coisa do tipo, é que você vai ter mais capacidade de programar o seu dinheiro, de ser dono do seu dinheiro, de custodiar o seu dinheiro, de proteger a sua riqueza, de proteger a sua família. Você vai ter mais capacidade de fazer perguntas, provavelmente porque você vai ter mais opção. E você vai ter acesso a um monte de coisas que hoje a gente ainda não tem nem ideia. Você vai descobrir veículos e formas de utilizar dinheiro que ainda são impossíveis de prever hoje, assim como a internet abriu portas para maneiras de produzir e criar conteúdo que eram impossíveis de prever anos atrás".*

---

* Felipe Sant'Ana, em entrevista concedida ao autor em 15 ago. 2019.

TUDO O QUE VOCÊ PRECISA SABER SOBRE BITCOIN E BLOCKCHAIN

Para entendermos mais detalhada e tecnicamente o que é o Bitcoin[71] e o que são as criptomoedas ou criptoativos, preciso explicar a você sobre a blockchain, que surgiu junto com o Bitcoin. Há uma confusão natural entre esses dois conceitos, e muitos acham que trata-se da mesma coisa, mas isso não é verdade.

O QUE É UMA BLOCKCHAIN?

Blockchain* é uma estrutura de banco de dados diferente dos tradicionais. De modo geral, é um ambiente virtual e global onde se armazenam informações e dados de forma organizada e segura. Entretanto, como existem tipos diferentes de blockchain, vale ressaltar que as características de cada uma variam conforme cada aplicação e infraestrutura. Por trás de diversas aplicações web, como Facebook, Twitter, além de outros tantos sistemas e programas, existem diferentes tipos de banco de dados que sustentam e armazenam tudo o que roda no computador.[72] Por ser algo que fica nos "bastidores" da internet, os usuários não conseguem enxergá-los. Uma das diferenças entre esses bancos de dados tradicionais para as blockchains é a maneira como essas informações são registradas e armazenadas. Nos bancos de dados tradicionais, o armazenamento é centralizado. Na blockchain, o registro ocorre seguindo uma ordem cronológica e é guardado em diversos servidores de forma distribuída.

POR QUE ELA É DIFERENTE DO QUE EXISTIA ATÉ SUA CRIAÇÃO?

Uma das principais diferenças dessa tecnologia é a segurança que ela garante aos usuários. Da forma como foi idealizada (e como realmente acontece na vida real), a informação que circula pela rede possui um registro praticamente

---

* Não existe uma definição padronizada sobre ser uma palavra masculina ou feminina, por isso, falaremos sempre no feminino pois estamos falando de uma rede.

imutável, portanto, incorruptível. Há várias razões pelas quais a blockchain, como a do Bitcoin, é tão segura. Entre elas, vale destacar:

1. Ela é baseada na criptografia, um conjunto de regras que visa codificar a informação a fim de que apenas o receptor consiga decifrá-la.[73]
2. Um bloco de informação é criado sempre a partir do bloco anterior e anexado em uma sequência cronológica, criando uma cadeia, como na **imagem 1**. Por isso o nome blockchain, que em português significa "cadeia de blocos". Essa relação de acúmulo de blocos faz com que exista uma conexão entre todas as informações na rede. Pense em uma corrente de elos (**imagem 3**) e note que não é possível incluir ou retirar nenhum elo, pois para isso seria necessário desfazer toda a corrente.
3. A blockchain possui um registro distribuído. A **imagem 2** pode nos ajudar a entender melhor o que isso significa. Por não ter uma estrutura de registro centralizada, a blockchain registra e sincroniza as informações com todos os pontos da rede. Esse tipo de registro não é centralizado em um único ponto nem é descentralizado em vários pontos. Por ser distribuída, para que a rede saia do ar é preciso desconectar todos os pontos ao mesmo tempo.

Nesse conceito de tecnologia distribuída, as regras e alterações são baseadas em consenso, onde todos os pontos são corresponsáveis, sem haver necessariamente uma hierarquia de poder ou uma entidade responsável por manter o sistema funcionando.

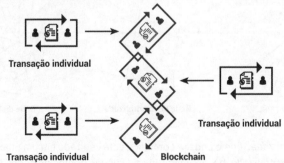

IMAGEM 1
Uma blockchain é definida como uma cadeia de blocos, como na imagem acima. Cada bloco se conecta com o anterior em uma sequência cronológica.

COMO FUNCIONA?[74]

A blockchain é uma espécie de "livro-razão": ela registra todos os movimentos da transação, como a quantia, quem enviou, quem recebeu e o lugar onde fica registrada a movimentação dentro deste livro.[75] Quando uma transação ocorre em uma blockchain, ela é agrupada em um "bloco" criptografado com outras transações que ocorreram no mesmo período de tempo – cada bloco contém uma espécie de carimbo com a data e o horário da transação. O bloco é então transmitido para a rede. A rede blockchain é composta por nós (*nodes*), que são participantes que validam e retransmitem informações de transação. Essa participação é voluntária e o benefício é o de garantir a integridade da rede. É como na reunião de seu condomínio: você colabora para fiscalizar e verificar se as coisas estão em ordem, pois isso também é do seu interesse.

Essa é a mesma lógica do Torrent, programa usado para baixar filmes, músicas e jogos, sabe? Em um sistema tradicional de rede, o servidor armazena informações e compartilha com o cliente (usuário) quando solicitado. No Torrent, quando uma pessoa baixa um arquivo (seja ele qual for), você "puxa" o arquivo de outra pessoa (outro nó da rede). Depois de baixado, você também se torna apto a compartilhar e distribuir o arquivo, tornando-se, também, um novo nó.

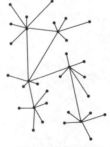

Rede centralizada   Rede descentralizada   Rede distribuída

IMAGEM 2
Na rede centralizada, todo o poder e confiança está centrado em um único ponto. No sistema descentralizado, há uma hierarquia de vários pontos de poder. No conceito distribuído, não há necessariamente uma hierarquia. É um sistema horizontal de organização.

PARA QUE SERVE A BLOCKCHAIN?

Essa tecnologia oferece tanta segurança para os usuários que permite retirar os intermediários da transação sem comprometer a confiança entre as partes interessadas. Ou seja, com essa tecnologia, teremos a possibilidade, em alguns casos, de não precisarmos mais de um banco ou instituição mediando a troca de dinheiro, pois a rede garante a proteção da transação. E não estamos falando somente de dinheiro. Outros tipos de operações também poderão passar a funcionar sem intermediários: transações financeiras ou monetárias, como é o caso das criptomoedas, ou de documentos variados, como contratos, dados médicos, registros pessoais, identificações ou qualquer outro tipo de informação que necessite ser armazenada com segurança.

Pense em todas as vezes que você precisou ir a um cartório. Agora, pense que você pode transformar seu documento de papel em um arquivo digital – chamado de token. A partir do momento que você tiver o token "em mãos", você o enviará para o cartório autenticar e fazer a devolução, sem que você precise sair de casa. Esse processo já existe. Há uma startup chamada OriginalMy que usa a blockchain para tokenizar os documentos e fazer o envio para um cartório parceiro.

No futuro, provavelmente, esse processo ficará ainda mais simples. Você terá um app no seu celular que irá tokenizar seus documentos e você fará o envio desse token diretamente para a outra parte. Nesse caso, o cartório nem precisará mais estar envolvido no trâmite. E isso acontecerá porque o token não é uma cópia do documento, ele é o documento em si. Essa também é uma das sacadas brilhantes da blockchain: a originalidade do documento, mesmo no ambiente digital. Estamos lidando com documentos cujo valor é de um original físico, pois não há duplicidade na rede. Por isso o processo é tão seguro.

QUAIS SÃO AS PRINCIPAIS CARACTERÍSTICAS DE UMA BLOCKCHAIN?

Pelo seu formato de funcionamento distribuído, a estrutura foi desenhada com base em consenso. Isso significa que mais que 50% dos participantes precisam concordar e sincronizar a cadeia de blocos para que as informações armazenadas sejam validadas. Dessa maneira, torna-se praticamente impossível alterar a informação gravada ou que a rede seja atacada por hackers. Cada novo bloco faz referência ao anterior, e, a cada nova entrada de dados, o último elo é verificado. É assim que a integridade da cadeia inteira é garantida.

Você se lembra da reunião de condomínio que eu citei anteriormente? Bem, imagine que alguns proprietários decidem fazer uma reforma no prédio. Haverá uma reunião para tratar do assunto, e todos os custos, transações e documentos envolvidos na operação só serão aprovados se mais da metade dos proprietários validarem e concordarem. Dessa forma, é bastante inviável que o processo seja violado e corrompido, pois haverá muitas pessoas participando ativamente e validando as informações da cadeia toda.

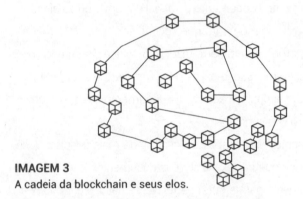

IMAGEM 3
A cadeia da blockchain e seus elos.

COMO A INFORMAÇÃO É GUARDADA?

A mesma informação é processada e armazenada em inúmeros computadores ao redor do mundo. E para alterar qualquer informação armazenada, seria necessário alterar e sincronizar a informação entre todos os pontos da rede. O sistema de consenso é o que garante a segurança da rede e a imutabilidade das informações. Uma blockchain utiliza criptografia em todas as suas ligações, o que assegura que informações sigilosas possam ser armazenadas sem que nenhum ponto da rede tenha acesso ao conteúdo, que só se torna visível para quem possui a devida autorização.

A BLOCKCHAIN É UMA ESPÉCIE DE "LIVRO-RAZÃO": ELA REGISTRA TODOS OS MOVIMENTOS DA TRANSAÇÃO, COMO A QUANTIA, QUEM ENVIOU, QUEM RECEBEU E O LUGAR ONDE FICA REGISTRADA A MOVIMENTAÇÃO DENTRO DESTE LIVRO.

E COMO VAI ACONTECER A TAL DA REVOLUÇÃO?

Os benefícios promovidos pela blockchain são revolucionários e se estendem para empresas, indivíduos e comunidades locais. Os mais citados são a coordenação confiável de dados, resistência a ataques, infraestrutura de tecnologia da informação compartilhada e tokenização de ativos. A blockchain é considerada uma tecnologia disruptiva devido à sua capacidade de proteger informações pessoais, reduzir intermediários, desbloquear ativos digitais e potencialmente abrir a economia global para milhões de participantes que estão à margem do sistema financeiro tradicional, por exemplo. Às vezes chamada de "*trust machine*" (máquina da confiança), essa tecnologia está trazendo transparência e segurança às redes digitais em inúmeras indústrias. De muitas maneiras, essa revolução pode ser considerada uma revolução na confiança.

ONDE PODE SER UTILIZADA?

São inúmeras as possibilidades de aplicação de uma blockchain. Basicamente, qualquer sistema que precise de armazenamento de dados ou que trafegue informações entre usuários pode se beneficiar dessa tecnologia.

Vamos usar como exemplo a compra de um imóvel. São inúmeros os intermediários envolvidos nesse tipo de transação: bancos, corretores, advogados, cartório, imobiliárias etc. Você já parou para pensar que cada um desses elos da cadeia armazenam os documentos separadamente, gerando mais burocracia, custos e diminuindo a transparência da operação?

Usando uma blockchain, podemos consolidar todos os registros em um único ambiente e, com isso, simplificamos a transação, eliminando intermediários, baixando seu custo e facilitando seu rastreamento. O próximo passo é a transação direta entre comprador e vendedor, sem a necessidade da validação de dados por terceiros, enquanto o próprio sistema é constantemente verificado e auditado por toda a rede, como você pode ver na **imagem 4**.

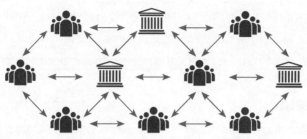

IMAGEM 4
Os indivíduos poderão se comunicar diretamente com as instituições, sem precisar de um intermediário, como o cartório ou um banco tradicional.

QUAIS SERVIÇOS E INDÚSTRIAS PODEM SE BENEFICIAR DESSA TECNOLOGIA?

Serviços notariais, autoridades certificadoras, Bancos Centrais, agentes custodiantes, adquirentes de cartão de crédito, produtores agrícolas e exportadores, sistemas jurídicos, hospitais e sistemas de saúde, seguradoras etc. A lista é enorme. Todos esses setores e, consequentemente, seus usuários, vão ser impactados pelo uso da blockchain.

APLICAÇÕES DA BLOCKCHAIN

Por ser uma tecnologia que oferece uma segurança inigualável e a possibilidade de transformar um documento físico em um ativo digital (através da tokenização), a blockchain transformará relações em diversas indústrias. As aplicações ainda são abstratas, pois é uma tecnologia que está no início de sua vida e ainda há um caminho para que as empresas entendam a melhor maneira de usá-la e como torná-la amigável para o uso no dia a dia.

Pense comigo: antes de surgir um iPhone ou um smartphone na sua vida, você sentia necessidade de um aparelho desse tipo? Na verdade, não. A vida fluía e as coisas se resolviam sem um telefone móvel (que é praticamente um computador) ao alcance das nossas mãos. Porém, depois que eles foram criados, houve uma quebra de paradigma e tudo mudou. Hoje em dia quase não conseguimos imaginar como seria a vida sem esses aparelhos. Para mim, blockchain tem esse potencial.

Como eu disse anteriormente, a revolução da blockchain irá afetar muitas indústrias e as relações entre pessoas, instituições privadas ou públicas e governos. Aqui, fiz uma lista de fatores que são impactados por ela:

1. DINHEIRO

Como a blockchain surgiu a partir da criação do Bitcoin, é natural que a primeira aplicação que vem à mente quando pensamos nessa tecnologia seja no campo do dinheiro. E, de fato, atualmente, a maior quantidade de soluções existentes que utilizam a tecnologia são na área financeira. Como vimos no capítulo anterior, a blockchain tem sido usada para fazer transferências internacionais em cerca de duas horas, algo que podia levar, no mínimo, dois dias. Além disso, tanto a indústria financeira tradicional quanto as fintechs estão usando a blockchain para criar soluções para sanar as dores dos consumidores. Tudo isso fará com que os serviços e os produtos sejam mais baratos, rápidos e menos burocráticos.

Uma possibilidade é a criação de *stable coins* (ou moedas estáveis) que, ao contrário do Bitcoin, possuem uma cotação estável e, para tanto, o lastro em algum ativo ou conjunto de ativos. A ideia da criação de uma moeda estável e privada, com controle rígido de emissão e lastreada em ativos é antiga. Em 1976, Friedrich Hayek propõe em "a desestatização do dinheiro", uma competição monetária que aconteceria por meio da criação de moedas privadas estáveis. Algo que, algumas décadas depois, tornou-se possível com a tecnologia.

2. TRABALHO

O segundo campo a ser abordado é o trabalho e seu formato de remuneração. Não estou falando especificamente do aumento de vagas para desenvolvedores, mas de sermos remunerados por trabalhos que hoje realizamos gratuitamente, como reservar passagens aéreas ou comprar um item on-line. Com a utilização da blockchain, esse tipo de remuneração tende a aumentar.

3. ATENÇÃO

Hoje, uma das maiores fontes de receita de companhias é a atenção dos usuários. Atenção – ou tráfego – é o que empresas de mídia, ferramentas de busca ou plataformas como o Facebook precisam para monetizar ou vender produtos. Já existem startups que utilizam blockchains para recompensar os usuários, dividindo a receita de anunciantes e remunerando quem consome esses anúncios.

4. DADOS

Outra fonte de receita de diversas companhias (como Google, Facebook etc.) vem dos dados de usuário. Ponto muito discutido atualmente e que levou à criação de leis como o Regulamento Geral de Proteção de Dados – General Data Protection Regulation (GDPR) –, na União Europeia, e a Lei Geral de Proteção de Dados Pessoais (LGPDP), no Brasil.

O fato é que dados de usuários são constantemente coletados e comercializados. Seja por meio de geoposicionamento, troca de mensagens e, basicamente, qualquer uso de aplicativos e programas de computadores, tablets ou smartphones. A mudança acontecerá quando os usuários forem remunerados pelos dados que forem comercializados. Falo mais disso no capítulo 6.

5. TUDO COMO SERVIÇO

Além disso, ainda existe a possibilidade de sermos remunerados pelo aluguel de itens que não utilizamos. Não somente quartos ou apartamentos (como no Airbnb) e carros (como na moObie, uma startup de compartilhamento de carros entre pessoas físicas, por meio de uma plataforma on-line), mas também já é possível alugar até mesmo espaço de memória ou capacidade de processamento do seu computador através de blockchain, como oferece a empresa americana Storj.

QUAL É O IMPACTO DA BLOCKCHAIN?

O impacto da blockchain na economia será gigantesco. Foi, inclusive, uma das temáticas prioritárias[76] no Fórum Econômico Mundial de 2018, em Davos, por exemplo. Uma pesquisa da empresa de tecnologia Cisco estima que 10% do PIB global, que atualmente é avaliado em 80 trilhões de dólares, será armazenado em blockchain até 2027.[77] Diversos governos, consultorias e multinacionais publicaram relatórios sobre as possíveis implicações da blockchain, somando mais de meio milhão de novas publicações nos últimos dois anos e gerando mais de 250 milhões de resultados de pesquisa no Google quando buscamos pela palavra blockchain.

Os principais grupos de tecnologia também estão investindo pesadamente para criarem suas próprias blockchains. A IBM tem mais de mil funcionários envolvidos com a tecnologia e 200 milhões de dólares investidos em conectar objetos (carro, geladeira, roupa, óculos etc.) à internet, sendo a rede baseada em blockchain.[78] O estudo da empresa de consultoria Gartner aponta que a blockchain vai criar cerca de 175 bilhões de dólares em valor de negócios até 2025 e cerca de 3 trilhões de dólares até 2030.[79]

TUDO O QUE VOCÊ PRECISA SABER SOBRE BITCOIN E CRIPTOMOEDAS

Atualmente, existem mais de 2 mil criptomoedas e, pode acreditar, esse número já foi maior.[80] Como a grande maioria delas usa a mesma lógica de funcionamento do Bitcoin, que foi a primeira, ao entender o que é e como funciona o Bitcoin, fica mais fácil compreender o restante.

O QUE É BITCOIN?

O Bitcoin foi criado em 2008, mas só entrou em funcionamento em 3 de janeiro de 2009. O Bitcoin foi a primeira criptomoeda do mundo. Para funcionar, usa um sistema criptografado (por isso o uso do prefixo "cripto") em uma rede distribuída, que é a blockchain (que, na verdade, foi criada por causa do Bitcoin).

O Bitcoin surge, então, como um sistema de dinheiro eletrônico ponto a ponto, que é algo maior que uma moeda ou meio de pagamento, pois além de compreender a emissão de novas unidades, como faz a Casa da Moeda, também é um sistema de controle e distribuição. Tudo isso ocorre de forma independente e sem uma autoridade central, baseado somente em códigos matemáticos.[81]

QUEM CRIOU O BITCOIN?

A primeira criptomoeda foi criada por uma pessoa ou um grupo de pessoas de forma anônima e voluntária que atende sob o pseudônimo de Satoshi Nakamoto. O "desaparecimento" de Satoshi é considerado uma espécie de "vantagem competitiva" do Bitcoin em relação às outras criptomoedas,[82] pois ele não tem efetivamente um dono e não depende do seu criador. É o que chamamos de organização de centro vazio, ou seja, não existe um indivíduo que possa ser responsabilizado pelo sistema.

COMO SE COMPRA BITCOIN?

Idealmente, o sistema foi criado para não depender de intermediários, mas entendo que esse será um dos próximos passos na sua curva de adoção. Você pode aceitar Bitcoins como forma de pagamento por produtos ou serviços, ou então comprá-lo em corretoras usando moedas correntes nacionais, como o Real e o Dólar, ou também usando outras moedas digitais, como Ether (ETH) e Litecoin (LTC), entre outras. Uma terceira forma seria através da mineração (explico esse conceito mais à frente), mas essa é uma atividade cada vez mais industrial e que demanda capital intensivo para ser eficiente.

ONDE É POSSÍVEL COMPRAR BITCOIN?

O lugar mais comum para comprar Bitcoin são as corretoras de criptomoedas, também conhecidas por Exchanges. Existe uma série de corretoras de criptomoedas nas quais é possível comprar e vender Bitcoins, e a melhor maneira de descobrir uma confiável é por meio de pesquisas na internet. Sim, pode parecer estranho eu sugerir que você faça uma pesquisa, mas, além do fator educativo, de buscar informações e não comprar ideias prontas, há o fator velocidade. As mudanças desse mercado são muito velozes e, enquanto eu escrevo este livro até a publicação, é provável que muitas coisas tenham mudado. Portanto, procure sempre se informar antes de abrir uma conta em uma corretora.

Também é possível comprar diretamente de pessoas que possuem Bitcoins. Porém, como a tecnologia ainda é muito nova, realizar essa transação ainda não é algo amigável para o consumidor comum e é difícil encontrar pessoas de confiança.

COMO O BITCOIN FUNCIONA?

Como o Bitcoin está dentro da blockchain, ele registra todas as transações que ocorrem em um livro contábil também distribuído, onde todos que estão na rede têm que ter uma cópia para fazer parte dela. Essa redundância garante que as pessoas que tentem agir de má-fé sejam repelidas da rede. Isso também elimina o que chamamos de "ponto único de falha", ou seja, as informações armazenadas de forma distribuída eliminam o risco de falha de um único servidor centralizado.

Cada usuário do sistema do Bitcoin possui um par de chaves criptografadas pública e privada. As chaves públicas servem como endereço da conta. Por exemplo, se o Carlos quiser enviar à Amanda um Bitcoin, ele vai remeter para o endereço da chave pública da Amanda. Para que a Amanda consiga receber os Bitcoins enviados pelo Carlos, ela precisará usar sua chave privada. As transações são validadas e adicionadas à blockchain através de um processo chamado "mineração", que também é o método pelo qual novos Bitcoins são criados.

O QUE É MINERAÇÃO DE BITCOIN?[83]

É por meio da mineração que novos Bitcoins são criados e inseridos na rede. Para criá-los, é necessário resolver um enigma criptográfico computacional extremamente difícil. O minerador que conseguir desvendar o enigma ganha o direito de inscrever um novo bloco na blockchain e as taxas das futuras transações que ocorrerem nesse bloco, assim como um montante em Bitcoins. Pelo protocolo do Bitcoin, um novo bloco é minerado a cada dez minutos.

COMO É POSSÍVEL MINERAR BITCOIN?

O Bitcoin é um sistema aberto, ou seja, qualquer um pode se juntar à rede como um minerador. Mas minerar Bitcoins não é uma tarefa fácil, pois é necessário comprar um hardware específico, projetado especialmente para a resolução de enigmas computacionais.[84] Ainda assim, mesmo possuindo o hardware, os mineradores costumam se juntar a um grupo de mineração (os chamados *pools* de mineração, que podem conter pessoas de várias partes do mundo) para somar esforços na solução do enigma. Se o *pool* resolver o enigma, cada membro do grupo receberá um valor correspondente à quantidade de processamento que contribuiu.

QUANTOS BITCOINS EXISTEM HOJE?

Uma das características que diferenciam o Bitcoin de outros ativos financeiros é seu limite de emissão, algo estipulado através de um cálculo complexo presente no seu protocolo. Esse limite é de cerca de 21 milhões de Bitcoins.[85] Até 2019, cerca de 18 milhões já foram emitidos, ou seja, mais que 85% da oferta total.

Além disso, a taxa de emissão de Bitcoin é fixada por bloco minerado. A cada dez minutos, mais ou menos, novos Bitcoins são emitidos na rede pelos mineradores. Essa "recompensa de bloco" também reduz ao longo do tempo, de modo que a cada quatro anos (ou o equivalente a 210 mil blocos) o número de Bitcoins gerados em um bloco é cortado pela metade. Quando o Bitcoin foi lançado, em 2009, foram gerados cinquenta Bitcoins por bloco; em 2012, a recompensa caiu para 25 Bitcoins por bloco; em 2016, para 12,5 Bitcoins por bloco, atingindo o equivalente a 120 mil dólares em outubro de 2019. E, assim, sucessivamente até serem emitidos todos os cerca de 21 milhões. Se o ritmo de mineração se mantiver mais ou menos como agora, a previsão é que isso ocorra por volta da década de 2140.[86]

QUANTO VALE UM BITCOIN?

O primeiro registro de preço ocorreu em 22 de maio de 2010, quando um homem chamado Laszlo Hanyecz, membro do maior fórum sobre Bitcoins do mundo,[87] fez a primeira compra de que se tem registro de um produto físico usando Bitcoins.[88] Ele fez essa provocação no fórum e um rapaz chamado Jercos mediou a compra. Ele pagou a quantia de 10 mil Bitcoins para receber duas pizzas, totalizando 25 dólares, recebendo o equivalente a US$ 0,0025 por Bitcoin na troca.[89] Em dezembro de 2017, esses mesmos 10 mil Bitcoins chegaram a valer quase 200 milhões de dólares.[90] Por ser considerada a pizza mais cara da história, além de ser o primeiro registo de troca de Bitcoins por um produto, o dia 22 de maio é comemorado no mundo todo na comunidade de criptomoedas e conhecido como o Bitcoin Pizza Day.

O INDIVÍDUO COMO CENTRO DA INOVAÇÃO

A IMPORTÂNCIA DA RESERVA DE VALOR

Os metais preciosos, principalmente o ouro, foram as principais reservas de valor da humanidade. O ouro é o nosso porto seguro há mais de 5 mil anos. Não é por acaso que o povo judeu carrega consigo bens nesse metal. Por causa de toda a sua história de perseguição, os judeus entenderam que precisariam ter uma moeda de troca que fosse transportável, aceita em qualquer lugar, segura, escassa, independente de governos e cujo valor se mantivesse com o passar do tempo. Assim, quando necessário, eles poderiam recomeçar suas vidas em outras terras. A principal característica da reserva de valor é proteger seu patrimônio frente a crises e momentos de dúvida e incerteza, assegurando seu poder de compra, independentemente do que acontecer.

Por esse motivo, acompanhar o valor do ouro nas Bolsas de Valores do mundo é um exercício muito interessante. Esse indicador nos permite, em alguns momentos, sentir o "cheiro" de crise no ar. Em períodos pré-crise, podemos perceber sinais de desconfiança quando investidores e Bancos Centrais começam a diversificar as reservas e aumentam a demanda por ouro, movimento que, pouco a pouco, está crescendo atualmente.[91] Lembra-se de que eu falei que pode vir uma grande crise pela frente? Pois então, em um momento de indecisão e risco, pode ser melhor trocar os ativos com maior exposição por algo que seja seguro, sólido e já testado por milênios.

Todos nós deveríamos ter algum tipo de proteção. Em momentos de crise, censura, opressão ou, no limite, perseguição, ouro e pedras preciosas, como o diamante, são reservas de valor históricas. Nesse sentido, temos muito o que aprender com o judeus. Terras também são consideradas um bom ativo para proteção frente a uma crise. Mas, ao contrário dos metais, nós não podemos carregar nossa propriedade conosco.

O que me anima é que esse leque de opções – bastante restrito, diga-se de passagem – pode aumentar. Assim como todas as inovações impensáveis e completamente disruptivas que a tecnologia nos propiciou, o Bitcoin possui características muito parecidas com as do ouro.

"Rudá, você está louco? Como o Bitcoin pode ter as propriedades de reserva de valor dentro da plataforma digital? Como pode ser escasso se a internet reproduz infinitamente qualquer tipo de informação?"

Eu sei que parece loucura! De fato, seria impensável que uma reserva de valor pudesse ser criada em um ambiente digital. Mas o Bitcoin não é reproduzido infinitamente, como comentei no capítulo anterior. E essa inovação é completamente disruptiva e brilhante. Pelas regras estipuladas no *paper* do Satoshi, há limites para a "impressão" de novos Bitcoins, por causa de uma escassez digital previamente programada – pelo(s) próprio(s) criador(es) da moeda.

Para Rodrigo Batista, investidor, especialista em Bitcoin e fundador do Mercado Bitcoin, uma corretora de criptomoedas, esse é o grande legado da criação de Satoshi Nakamoto. "O ser humano bate, mata, briga, estuda porque ele quer algum recurso limitado. Você pode chamar isso de água, de comida, de dinheiro, de Ferrari, do que for. E a informação digital não era escassa até chegar o *paper* do Satoshi. Então, o que eu acho que entrou no jogo foi um jeito novo de fazer tecnologia e de criar escassez digital. Se eu tenho uma peça de informação, ela é só minha até que eu decida transferi-la para você."*

O impacto que essa tecnologia pode causar vai muito além do dinheiro.

Primeiro, porque, pela primeira vez na história, temos a possibilidade de gerar escassez digital, algo até então inimaginável em um universo onde tudo pode ser criado infinitamente, e essa possibilidade é brilhante.

No mundo digital, sempre que transacionamos qualquer arquivo, estamos lidando com uma cópia. Qualquer arquivo de texto ou vídeo que eu envio a alguém é uma cópia do original, e essa lógica não pode existir com o dinheiro. Se eu mando 100 reais para você, você precisa ter certeza de que esse dinheiro não está duplicado. Ou seja, precisa ter certeza de que esse dinheiro saiu da minha carteira. O Bitcoin nasceu com o recurso que garante

---

* Rodrigo Batista, em entrevista concedida ao autor em 14 ago. 2019.

a todos os envolvidos que o dinheiro saiu da carteira do usuário A e chegou ao usuário B, assim como ocorre em uma transação física. E essa escassez é possibilitada pela tecnologia da blockchain.[92]

Segundo, porque temos a possibilidade de transacionar valor sem depender de um intermediário. Depois da invenção da internet, essa revolução está criando uma versão aprimorada da própria web, na qual vamos poder transacionar, armazenar e gerar valor de formas nunca antes imaginadas. A criação do Bitcoin possibilitou expressar o dinheiro puramente como informação que pode ser transmitida por qualquer veículo de comunicação. Agora poderemos enviar dinheiro por meio de um emoji, do Skype ou de um post no Facebook. Impensável, não é? Exatamente como era a internet antes de se tornar acessível ao público.

Dez anos após seu lançamento, o Bitcoin superou o ouro e o dólar em muitos parâmetros de uma reserva de valor. O Bitcoin é altamente permutável, portátil, durável, mais seguro e também mais escasso do que o ouro e o dólar. Além disso, tem caráter mais divisível, mais descentralizado, inteligente e programável. O único ponto em que ele perde para o ouro é em relação à estabilidade, já que a volatilidade ainda é alta. O fato de não ter a soberania de uma moeda regulamentada por governos[93] pode ser tanto uma virtude como uma fraqueza.

Há ainda outras questões como, por exemplo, o fato de o Bitcoin ainda não ser uma unidade de conta. Ou seja, mesmo sendo possível fazer suas compras de supermercado pagando em Bitcoins no Brasil, o preço será primeiramente cotado em reais e só depois convertido para Bitcoins.

Para o economista Fernando Ulrich, o Bitcoin é um "candidato a esse posto. Ele não está ainda consolidado para isso, mas tem potencial para tanto, só não chegou nesse local. É uma rede que tem apenas 10 anos, precisa ser testada por mais tempo. O Bitcoin compartilha muitas das qualidades e propriedades do ouro: escassez, divisibilidade etc. E em alguns aspectos é até superior, e incomparável por ser digital. Mas não é estável. Então, não pode ser colocado no mesmo patamar que o metal. Mas acho que pode alcançar esse posto de reserva de valor de ativo de proteção. Por isso que eu digo que, hoje, o Bitcoin é mais um ativo de proteção potencial do que uma realidade".*

---

* Fernando Ulrich, em entrevista concedida ao autor em 15 ago. 2019.

Para o economista Hélio Beltrão, é importante compreender bem essas diferenças. "O ouro é um ativo análogo ao dinheiro. E o Bitcoin é uma suposta moeda, mas que tem característica de ativo especulativo."* Pessoalmente, concordo com a análise desses grandes nomes do mercado.

O Bitcoin, assim como o ouro, pode se tornar uma ótima alternativa para as pessoas se protegerem da volatilidade do mercado em momentos de crise, mas ainda precisamos esperar alguns anos para saber se conquistará essas outras características necessárias para ser uma reserva de valor. E, mais importante, precisamos observar como será o comportamento do Bitcoin em uma eventual crise, quando os investidores e as pessoas correrão para as opções disponíveis de reserva de valor.

DESMISTIFICANDO AS INOVAÇÕES FINANCEIRAS

No momento em que você lê este livro, há inúmeros profissionais trabalhando arduamente para entender e resolver as dores dos consumidores relacionadas a dinheiro; são empreendedores que estão focados em resolver os problemas de outras pessoas. E muitos deles nunca trabalharam em um banco nem no mercado financeiro tradicional.

Assim como um grupo de pessoas – ou talvez apenas um indivíduo – criou o Bitcoin e a blockchain em meio à crise de 2008, as fintechs estão identificando brechas no sistema vigente e percebendo que é possível atender milhões de cidadãos até agora ignorados e mal compreendidos pelos bancos tradicionais.

São milhões de pessoas sem conta corrente, sem acesso a crédito, que precisam de ajuda para organizar suas finanças pessoais e que querem ajuda para começar a investir. Quer ver um exemplo muito palpável? No Brasil, há 45 milhões de pessoas desbancarizadas, o equivalente a um a cada cinco brasileiros.[94] Ou, ainda pior, consumidores que acabam recebendo ofertas de produtos ruins em função do conflito de interesses existente na relação com assessores de investimentos. Explico: o modelo de assessoria é geralmente baseado em comissão, o que significa que muitas das vezes a indicação não

---

* Helio Beltrão, em entrevista concedida ao autor em 15 ago. 2019.

é do melhor produto para o cliente, mas sim do produto que paga a melhor comissão. Nesse modelo, o que o vendedor vai priorizar: o benefício do cliente ou a sua própria comissão da venda?

Ao mesmo tempo em que oferecem serviços e produtos que resolvem problemas do dia a dia dos cidadãos, as fintechs tiram o sono dos grandes executivos, banqueiros e empresários. E não são só elas. As grandes corporações já entenderam que podem assumir outros papéis e diminuir a mediação do sistema financeiro em suas operações. Como? Elas também estão criando suas próprias fintechs, como é o caso da gigante Cosan, que criou a Payly, sua própria carteira digital. É só lembrar a declaração do Setubal, certo?

Bitcoin, blockchain e fintechs formam o tripé de mudanças que estrutura o que eu chamo de revolução financeira, uma transformação focada no protagonismo das pessoas através da inovação tecnológica. Uma revolução que diminui a fricção entre o consumidor e as empresas. Chamo de fricção toda a burocracia, todos os trâmites e processos, todo o desgaste que existe nessa relação. Um exemplo: pensar em pedir um empréstimo para o seu gerente do banco já causa certo mal-estar, não é mesmo? Porque você sabe que serão dias de negociação, que irão investigar sua vida, pedir inúmeros documentos e você terá que ir até a agência, enfrentar fila, responder a um interrogatório e ainda pagar juros abusivos.

Hoje, felizmente, esse tipo de situação já não é mais necessária. Há empresas que fazem empréstimos totalmente on-line com taxas de juros mais acessíveis, e o dinheiro cai na sua conta em até 24 horas. Falaremos mais disso no capítulo 8.

Nesse âmbito, compartilho o entusiasmo do Pedro Englert,* CEO da StartSe e ex-sócio da InfoMoney e da XP Investimentos. Para ele, é muito significativo que a disrupção tenha chegado ao mercado financeiro. Provavelmente, era a última barreira a ser disruptada após tantas indústrias terem sido completamente transformadas.

E há um motivo particular para isso. Transformar a indústria do dinheiro tem um impacto maior, pois o setor financeiro está em todos os outros. Onde há

---

* Pedro Englert, em entrevista concedida ao autor em 30 ago. 2019.

NO MOMENTO EM QUE VOCÊ LÊ ESTE LIVRO, HÁ INÚMEROS PROFISSIONAIS TRABALHANDO ARDUAMENTE PARA ENTENDER E RESOLVER AS DORES DOS CONSUMIDORES RELACIONADAS A DINHEIRO.

dinheiro envolvido – seja no relacionamento entre pessoas, empresas ou governos – a indústria financeira está presente. Por isso, a disrupção dessa indústria atinge todos os setores da economia e todos os cidadãos de forma indistinta.

E essa disrupção coloca o indivíduo e suas dores no centro de todas as situações. Um caso emblemático é o do Nubank. Aparentemente, o banco digital não difere de um banco tradicional: fornece as mesmas ferramentas e recursos de um banco grande, mas elimina as taxas de manutenção de conta e a anuidade do cartão de crédito. Em sua concepção, além de oferecer uma interface muito amigável, a empresa colocou o cliente no centro de todas as decisões e essa mudança de perspectiva fez a roda girar de maneira diferente.

As pessoas são as grandes inspiradoras desses novos modelos de negócio, enquanto que a tecnologia é a ferramenta que torna essa mudança possível. E não o contrário.[95] O investimento nas fintechs mostra a potência desse movimento. Em 2018, foram investidos 39,57 bilhões de dólares em startups financeiras no mundo todo, um aumento de 120% em relação a 2017. No Brasil, no mesmo ano, foi investido 1,5 bilhão de reais, quase oito vezes mais do que em 2016.[96] A própria XP Investimentos, que revolucionou o mercado nos anos 2000 ao criar um marketplace de investimentos, já entendeu que colocar o cliente no centro da inovação é o caminho para o futuro. Para Marcos Sterenkrantz, Head de Inovação da empresa, "ser *customer centric* é uma questão de sobrevivência. Nessa estratégia, procurar um modelo que seja melhor para o cliente é *core business*"*

O caminho tem sido esse. Pessoas que enxergam uma dor e se arriscam a tratá-la criando uma fintech, mesmo nunca tendo trabalhado em um banco. Ou startups que nascem em setores diversos, mas, em determinado momento, percebem que é possível resolver o problema do seu cliente ou do parceiro relacionado a dinheiro e, portanto, também se tornam uma fintech. Tudo unificado em um superaplicativo que resolve o dia a dia de forma fácil, rápida e amigável. Estamos falando sobre ir à feira, fazer compras no supermercado, agendar uma consulta médica e até mesmo comprar a ração do

---

* Marcos Sterenkrantz, em entrevista concedida ao autor em 12 nov. 2019.

cachorro: todas essas ações do cotidiano acontecem por meio do WeChat, uma espécie de WhatsApp chinês, ou do Alipay, do site de compras Alibaba.

Escolhi alguns cases para mostrar a você o que tem acontecido nos mais diversos setores.

SINGU

A startup Singu ficou famosa por apresentar o delivery de beleza. Pelo aplicativo, os mais de 300 mil usuários agendam sessões com profissionais de beleza para atendimento em domicílio, como manicures, depiladoras e massagistas. Em um determinado momento, no entanto, a Singu percebeu que poderia dar um passo além na parceria com as mais de 3 mil trabalhadoras cadastradas no aplicativo.

Eles notaram que muitas das profissionais não tinham conta corrente em banco. E que o tempo de catorze dias entre a prestação do serviço e o pagamento efetivo atrapalhava o fluxo de caixa dessas pessoas.[97] A empresa, então, decidiu criar uma conta corrente para as profissionais cadastradas e oferecer também a antecipação das receitas para o mesmo dia do trabalho realizado.[98]

RAPPI

A startup Rappi, especializada em entregas, criou o mecanismo RappiPay, que permite não só o pagamento de serviços com QR Code, como também a transferência de dinheiro entre usuários. É necessário apenas ter sua própria carteira digital com o cadastro dos dados do seu cartão de crédito dentro do aplicativo.[99]

GOOGLE PAY

O Google Pay facilitou muito a vida do consumidor ao criar esse recurso de pagamento de lojas cadastradas. Seus dados do cartão de crédito ficam cadastrados no aplicativo, e, com um toque no celular, você pode alugar filmes e comprar comida, por exemplo. Na Índia, o Google Pay foi lançado em 2017 e atingiu, em março de 2019, 45 milhões de usuários e 81 bilhões de dólares em transações. A empresa de tecnologia tem mais de 2 mil lojas cadastradas em sua plataforma, cobrindo os mais diversos serviços e produtos.

As transações de pagamentos instantâneos – pelo sistema Unified Payment Interface (UPI) – no país superaram todas as outras formas de pagamento digital, incluindo carteiras, cartões (crédito e débito) e app do banco no celular. O UPI cresceu quarenta vezes, de 17 milhões, em agosto de 2017, para 647 milhões, no início de 2019. Na Índia, o Google Pay permite, inclusive, que o usuário envie dinheiro para não usuários da plataforma.*

AMAZON PAY

A Amazon está testando uma nova fronteira em relação aos meios de pagamento. A gigante da tecnologia está treinando sua assistente pessoal digital para identificar, gerenciar e realizar pagamentos por comandos de voz dos usuários. Atualmente, a Alexa já participa da vida dos clientes da Amazon ao organizar listas de compra e listas de itens desejados e já é capaz de identificar status de pedidos através de comandos de voz. O próximo passo será replicar o uso dos comandos de voz da Amazon também para os meios de pagamento. O usuário poderá agendar o pagamento do seu aluguel ou solicitar o comparativo dos últimos pagamentos das contas de luz, por exemplo, tudo sem precisar inserir novas informações no site ou depender do aplicativo, somente com comandos de voz, sem digitar nenhum número ou letra.**

SAMSUNG

A Samsung decidiu entrar no universo da blockchain por meio de uma carteira específica para a rede, chamada Samsung Blockchain. A empresa de tecnologia criou um aplicativo em um espaço físico dentro do celular, separado do restante do sistema Android, que armazena as informações e as chaves de acesso da blockchain do usuário. Desta forma, o usuário terá acesso à rede e as transações de suas criptomoedas de forma segura e amigável.[100]

---

* Todas as informações para análise do Google Pay estão disponíveis em entrackr.com/2019/03/google-pay-upi-transaction-mau/.

** As informações foram retiradas do site da Amazon e estão disponíveis em developer.amazon.com/pt-BR/docs/alexa/amazon-pay-alexa/alexa-amazon-pay-faq.html.

FACEBOOK

O Facebook também não ficou de fora dessa disputa intensa sobre os meios de pagamento. Lançou, no fim de 2019, o Facebook Pay nos Estados Unidos, que permite aos usuários fazer compras e outras transações no Facebook e no Messenger (e expandirá, também, para as outras redes sociais do grupo: WhatsApp e Instagram). O aplicativo é uma espécie de carteira que armazena os dados dos cartões de crédito e débito do usuário, assim como PayPal, para realizar pagamento dentro das redes sociais.[101]

STARBUCKS

Nos Estados Unidos, a liderança dos pagamentos por celular não está na mão de um banco nem de uma empresa de tecnologia. Conseguem adivinhar com quem está? Com o aplicativo de pagamento da Starbucks. Lá, cerca de um quarto dos celulares de consumidores com mais de 14 anos tem um aplicativo de meio de pagamento. Desse total, 40% usa o aplicativo da rede de cafés, deixando para trás outros que foram lançados anteriormente, como o Google Pay, Apple Pay e Samsung Pay.[102]

PAYLY

Como já mencionei brevemente, outro movimento com potencial para abalar o sistema financeiro tradicional é a criação de soluções financeiras dentro de grandes corporações de outros setores. A Cosan, grupo que atua em áreas como energia, agronegócio, infraestrutura e logística, criou sua própria fintech,[103] a carteira digital Payly, que faz pagamentos via QR Code. O conglomerado quer diminuir o número de intermediários e de taxas que ocorrem dentro do seu ecossistema como, por exemplo, substituir o uso de cartão de crédito e maquininhas em milhares de postos de gasolina espalhados pelo país pela Payly.[104] O próprio grupo está usando a carteira digital para englobar transações que envolvem usuários, funcionários e prestadores de serviços.

Entende, agora, por que os grandes bancos estão preocupados?

As empresas tradicionais estão se movimentando, como já vimos com os exemplos de Santander, Banco do Brasil, BTG Pactual etc. Mas a inovação vem de todos os lados, seja de uma startup de beleza, do Starbucks ou do Facebook. Principalmente das gigantes do setor de tecnologia. As três maiores companhias do setor (Amazon, Google e Apple) já abocanharam 40% dos 1,35 trilhões de dólares do faturamento de serviços financeiros produzido nos Estados Unidos.[105] Paralelamente, quanto mais criativa for a relação com o dinheiro, menos importância daremos a moeda de papel. Inclusive, as notas de Real ou de qualquer outra moeda oficial tendem a desaparecer em algum momento. O Banco Central da Suécia, por exemplo, não imprime novas cédulas há alguns anos, já que 80% das transações no país ocorrem sem cédula física.[106] Estima-se que em 2023 já não haverá mais circulação de dinheiro em papel no país.[107] Então, o que podemos esperar desse futuro? Bom, é possível ter uma boa ideia do que vem por aí observando o que está acontecendo em outros países.

Na China, praticamente todas as transações da vida cotidiana passam por aplicativos. Não estou exagerando, o pagamento por aplicativos chineses praticamente acabou com a circulação de dinheiro em papel-moeda no país.[108] Juntos, os aplicativos WeChat e AliPay somavam mais de 1 bilhão de usuários ativos, transacionando o equivalente a 7 trilhões de dólares apenas no último trimestre de 2018.[109]

Em números, podemos dizer que 80% da população chinesa faz pagamentos por meio do celular, enquanto nos Estados Unidos o valor é de apenas 23% da população.[110] E, então, o que nos impede de ter algo parecido no Brasil no médio prazo? Temos 230 milhões de celulares no nosso país,[111] uma quantidade maior do que a nossa população absoluta. Por aqui, as carteiras digitais também terão uma representatividade importante entre os meios de pagamento. Até 2022, estima-se que quase metade dos pagamentos do comércio eletrônico mundial sejam feitos através de *e-wallets*,[112] aplicativos dentro do seu celular no qual você insere os dados do seu cartão de crédito e realiza compras através dele.

Ou seja, nada mais é impossível.

A INFORMAÇÃO É O NOVO PETRÓLEO

Uma das mudanças mais impactantes e que cada vez mais vai empoderar os cidadãos de forma geral são as plataformas de *open banking*, que começaram a ser implementadas no Brasil em abril de 2019 pelo Banco Central.

O objetivo é facilitar a integração de informações entre bancos e fintechs e aumentar a concorrência e eficiência no sistema financeiro brasileiro, que é concentrado na mão de poucas instituições.[113]

Em outras palavras, o *open banking* é um sistema em que as pessoas terão posse dos seus dados financeiros, algo que, até então, era propriedade de um banco. Assim, a decisão sobre o compartilhamento de todo o seu histórico de conta corrente, investimentos, financiamentos, dívidas e empréstimos – independentemente da instituição que mediou essa operação – ficará nas mãos dos donos dos dados, que poderão compartilhá-los com fintechs e outras instituições.

Por exemplo: quando você precisa de um empréstimo, você conversa com o gerente do seu banco e consulta outros gerentes também, certo? O gerente do seu banco, no entanto, tem uma vantagem competitiva, pois ele conhece seu histórico financeiro. Os outros gerentes, não. A partir do *open banking*, você poderá "carregar" essas informações consigo e oferecer a todos os gerentes os mesmos dados, para que eles possam competir entre si, o que acaba por ser extremamente mais vantajoso para você.

O *open banking* inaugura outra discussão séria para todos nós: o valor das informações que geramos na web. Eu sempre digo que, quando o serviço é gratuito, você é o produto. Isso mesmo. Se Facebook, Instagram e WhatsApp são gratuitos, não é por força de caridade. É porque essas empresas vendem as informações que você produz na internet.

Sabe aquela brincadeira de aplicar um filtro de envelhecimento facial para ver como você ficaria na melhor idade? Então, sinto dizer que é dessa maneira que as empresas entram no nosso celular e, com nossa própria autorização (quem é que lê os termos de uso?), levam nossas informações, dados sobre nossa rotina, fotos e hábitos de consumo.

A venda desses dados comportamentais dos consumidores sempre existiu, isso é fato. Então, qual é a novidade?[114] O que há de novo nos dias de hoje é a habilidade em coletar dados de diferentes pontos e conexões, chamada de internet das coisas. Parece um conceito abstrato e distante, mas já está muito presente na nossa rotina. É a capacidade de objetos físicos, como uma geladeira, um carro ou um relógio, estarem conectados à internet e transmitir informações sobre os hábitos de uso de seus usuários.

Os dados pessoais são considerados tão importantes que são comparados, atualmente, ao petróleo. Inclusive, a expressão que diz que "dados são o novo petróleo" já se tornou famosa no ambiente de negócios. Mas que dados são esses? Qualquer informação relacionada a sua saúde, seus documentos, dados bancários, mensagens trocadas nas redes sociais, buscas em sites de pesquisa... A verdade é que qualquer informação pode ser vendida e monetizada. Existem empresas especializadas em processar, organizar e refinar esses milhões de dados e vendê-los como informação e inteligência de mercado.[115] Esses dados são tão valiosos para as corporações, que as empresas norte-americanas gastaram aproximadamente 19 bilhões de dólares adquirindo e analisando dados de consumidores em 2018.[116] Isso porque permite que o produto ou serviço seja mais assertivo e customizado à necessidade e hábito do consumidor, eliminando a fricção da experiência de compra. Pois é, parte desse dinheiro pode ir para o seu bolso. A sorte é que as coisas estão mudando e, futuramente, você mesmo poderá vender essas informações. Ou, pelo menos, receber uma comissão por elas: a verba destinada para a compra de dados poderá ser dividida entre a empresa e o indivíduo que gerou a informação. Esse tipo de relação não é algo que ocorrerá em um futuro distante. Pelo contrário.

Já estão surgindo startups que utilizam blockchains para recompensar os usuários, dividindo a receita de anunciantes e remunerando quem consome esses anúncios. Um exemplo é o navegador Brave, fundado por Brendan Eich, cofundador do navegador Mozilla Firefox. Com usabilidade muito similar à do Mozilla, o Brave recompensa os usuários do navegador pelo consumo de publicidade que fizerem enquanto navegam pela internet.[117]

A exploração e monetização dos dados ainda está no início do seu potencial, com as bases sendo criadas. Segundo Henrique Bredda,* portfólio manager na Alaska Asset Management, "o uso de dados tem escala, é grande e é novo".

Na minha visão, a possibilidade de tokenização desses dados transformando-os em ativos possibilitará cada vez mais a criação de valor, ampliando os horizontes para o conceito de economia de dados, ou *data economy*, que será um dos grandes motores da indústria nos próximos anos.

---

* Henrique Bredda, em entrevista concedida ao autor em 25 nov. 2019.

"DADOS SÃO O NOVO PETRÓLEO" JÁ SE TORNOU FAMOSA NO AMBIENTE DE NEGÓCIOS. A VERDADE É QUE QUALQUER INFORMAÇÃO PODE SER VENDIDA E MONETIZADA.

NÃO TEM COMO ESTAR FORA DO MERCADO FINANCEIRO

No nosso dia a dia, se queremos comprar alimentos e produtos de limpeza, vamos ao supermercado. Se queremos comprar um remédio, vamos à farmácia. Se queremos comprar roupa, vamos ao shopping. Se queremos comprar ações e nos tornar sócios de uma empresa, vamos à Bolsa de Valores e compramos papéis de determinada empresa. É simples assim.

A Bolsa de Valores é como um shopping de ações, em que pessoas e empresas estão comprando ações e tornando-se sócias de companhias que precisam de capital para investir em seus próprios negócios. Assim como no supermercado, os produtos que despertam mais interesse e atraem mais compradores do que a oferta disponível custam mais caro. Quando o interesse dos vendedores é maior do que a procura, o preço cai. Não tem segredo. É a eterna lei da oferta e da procura também regendo o mercado de capitais.[118]

Isso parece algo muito distante de nós, mas garanto a você que a Bolsa está por toda parte e tem impacto direto em nossas vidas. Não existe riqueza em um país sem um mercado de capitais forte, pois é o meio pelo qual as empresas conseguem recursos para investir em seus negócios e prosperar na economia. Gerando riqueza, as empresas criam novos postos de trabalho. Além disso, as empresas que estão na Bolsa têm uma responsabilidade em suas práticas de gestão que proporcionam benefícios para acionistas e para a sociedade de modo geral.[119] Ou seja, é uma roda virtuosa de crescimento e confiança na economia do país.

Quando pensamos em Bolsa e renda variável, frequentemente temos a imagem das cenas comuns em filmes hollywoodianos daqueles antigos operadores que negociam o preço das ações gritando nos pregões, nervosos e com muita adrenalina. Mas a coisa não é bem assim, o fato é que a operação da Bolsa está muito mais no nosso dia a dia do que percebemos. Para provar isso, meu amigo Hulisses Dias, investidor profissional, criou um canal no YouTube e um quadro chamado "Bolsa na Rua", no qual demonstra como consumimos itens de empresas listadas em Bolsa diariamente. Mesmo que você não queira fazer parte do sistema financeiro, você já está dentro dele. Não tem escapatória.

Se você usa um iPhone, está usando um produto da Apple, listada nos EUA por meio do código AAPL. Se você compra na Amazon, está comprando da também norte-americana AMZN. Quando abastece o carro no Brasil, pode usar combustível da Petrobras (PETR4) ou parar em um dos postos Ipiranga (UGPA3), caso vá a um posto Shell (RDSA), também estará consumindo de uma empresa listada em Bolsa. Ao comprar a carne para o churrasco do fim de semana da Friboi, usar a margarina Doriana, o presunto Seara ou a salsicha Excelsior, você estará aumentando a receita de empresas como a JBS (JBSS3) ou Marfrig (MRFG3). Quando você compra uma passagem em um voo da Gol (GOLL4) e aluga um carro na Localiza (RENT3), também está participando da Bolsa. Vai comprar um eletrodoméstico no Magazine Luiza (MGLU3) ou um perfume da Natura (NATU3)? Pois é, elas também estão lá.

Eu poderia me estender por longas páginas para demonstrar como consumimos de empresas que têm ações listadas em Bolsa. Mas, agora, a pergunta que eu faço a você é: e se em vez de só consumirmos dessas empresas, pudéssemos ser sócios delas? E se a cada vez que alguém consumir um item no supermercado ou ir ao shopping, você pudesse se beneficiar com essa compra? Ao entendermos que o mercado de ações nada mais é do que uma forma de sermos sócios de empresas, a lógica toda muda.

Fico contente em perceber que, de maneira geral, o brasileiro está deixando os preconceitos e os medos de lado para experimentar o mercado de ações. Identifico, prioritariamente, três situações que estimulam as pessoas a participar da Bolsa.

A primeira delas é para diversificar investimentos mantendo ativos na Bolsa de Valores. Com a manutenção da taxa de juros mais baixa, a rentabilidade em aplicações ligadas a Selic – como é o caso da poupança e da renda fixa – é menor. Nesse contexto, a Bolsa de Valores acaba sendo um caminho natural para aqueles que querem não só rentabilizar, mas também proteger o seu dinheiro da inflação.

A segunda situação está na mudança da relação das pessoas com os bens materiais. Acredito, também, que há muita gente repensando sobre essa questão. Até que ponto vale a pena termos um carro ou uma casa se é tão fácil alugar esses bens? Até pouco tempo atrás, existia uma percepção de que o caminho natural de uma pessoa adulta era encontrar um bom emprego, comprar um carro e uma casa. A vida parecia muito mais linear e segura. Entretanto, não é o que sentimos atualmente, considerando que a relação com o trabalho tem mudado muito e não é incomum nos sentirmos inseguros para fazer grandes investimentos. Hoje pode ser mais interessante manter o dinheiro aplicado do que possuir uma casa, por exemplo. Além disso, a tecnologia tem facilitado cada vez mais o cotidiano do investidor.

O terceiro motivo pode parecer estranho e até contraintuitivo, ainda mais quando o empreendedorismo está na moda e há um incentivo cada vez maior para o aumento do número de empreendedores. Mas vamos supor que você tenha 100 mil reais e precise decidir o que fazer com esse valor. Sua ideia inicial é investir esse dinheiro na abertura de um restaurante. Já que você conhece o ramo e domina as variáveis desse tipo de negócio e considera que investir em um negócio próprio é mais seguro do que investir em empresas por meio da Bolsa de Valores. Mas será mesmo?

Na verdade, não necessariamente. Na maior parte das vezes, ao investir em boas empresas na Bolsa com atuação em diferentes setores da economia, diluímos o risco e ainda contamos com a gestão profissional desses negócios. Além disso, só comprometemos o capital investido. Portanto, na pior das hipóteses, se tudo der errado, você vai perder somente o quanto investiu. Ao abrir um negócio, você pode perder muito mais do que o capital investido e sair endividado.

Veja, nenhum dos dois cenários de perda é bom. Há pessoas que perdem todo o patrimônio acumulado de uma vida na Bolsa de Valores. Mas, ainda assim, ser empresário pode trazer dores ainda maiores, como dívidas significativas.

Resumindo, não descarte a possibilidade de investir na Bolsa de Valores por preconceito ou por medo. Pesquisar e encontrar boas empresas que tenham resultados consistentes ao longo dos anos é um desafio. Mas é essa busca que tornará você um investidor bem-sucedido.

Seja qual for o seu motivo, saiba que participar da Bolsa de Valores requer um preparo mínimo e conhecimentos básicos. Para Hulisses Dias,* é fundamental que tenhamos resiliência mental para aguentar as oscilações da Bolsa e, também, os possíveis fracassos. Sim, todo investidor tem momentos inevitáveis de fracasso. Só assim conseguiremos nos fortalecer e adquirir frieza suficiente para participar do mercado de ações.

Eu mesmo já perdi dinheiro na Bolsa de Valores exatamente por isso: não fui frio o suficiente e entrei com o espírito de jogo, como se a Bolsa fosse uma casa de apostas, operando diariamente como um *day trader*. Descobri da pior forma que a Bolsa de Valores não é um cassino. Portanto, é importante entrar no jogo sabendo que tipo de jogador você é. Com o tempo, entendi que quero construir minha bola de neve e, para tanto, preciso escolher ativos de empresas com um histórico de lucro e distribuição de dividendos, pois estou olhando para o longo prazo. Amadureci levando porrada, e agora minha relação com as ações mudou completamente e está mais baseada em solidez e consistência.

COMO E POR ONDE COMEÇAR

Vamos começar, então, pelo próprio índice Ibovespa, também conhecido por IBOV, que é o termômetro do mercado financeiro brasileiro. Um indicador de desempenho de como foi a média das negociações feitas na Bolsa em determinado período. Se você quiser saber como está o desempenho da sua carteira, deve sempre compará-la ao IBOV.

O índice é composto por uma carteira teórica de ações que corresponde a cerca de 80% do número de negócios e volume financeiro da Bolsa.[120] Cada ponto representa 1 real dessa carteira teórica, então, quando dizemos que o Ibovespa subiu de 90 mil para 100 mil pontos, significa que um investidor que tivesse aplicado 90 mil reais em todas as ações do índice, exatamente na mesma proporção, teria o equivalente a 100 mil reais.

O Ibovespa atua como principal comparativo (ou *benchmark*, no jargão dos investidores) de investimentos em ações no Brasil. Não é possível investir diretamente no índice Ibovespa, pois ele é uma carteira teórica. Mas, é

---

* Hulisses Dias, em entrevista concedida ao autor em 9 nov. 2019.

possível investir em fundos de investimentos cuja composição é feita com o objetivo de seguir a mesma carteira teórica do índice. Esses fundos se chamam Exchange Traded Funds (ETFs).

Diferentemente de um fundo de investimentos tradicional, onde você tem regras para entrada e saída e precisa adquirir cotas de participação, os ETFs são negociados em Bolsa e, por isso, são mais flexíveis. Você pode entrar e sair do fundo quando quiser.[121] Em geral, as taxas dos ETFs são consideravelmente menores quando comparadas aos fundos de investimento tradicionais, além de serem mais transparentes e mais passíveis de diversificação. O passo a passo para investir em um ETF é prático: você precisa abrir uma conta em uma corretora, transferir a quantia desejada e escolher o ETF de seu interesse no *home broker*.

Para mim, faz mais sentido buscar a liquidez e o controle total do meu dinheiro, podendo sacá-lo quando estiver com vontade ou necessidade. Então, para investir é preciso fazer planejamento e escolhas. No meu caso, vendi o meu carro em 2016 e investi quase todo o valor. Desde então, eu me locomovo usando aplicativos de transporte ou alugo um carro pela Localiza sempre que necessário. E escolho sempre essa empresa, porque, além de gostar dos serviços, sou acionista desde 2017. Então, na minha lógica, faço a roda girar. Dou dinheiro para a companhia alugando carros, que me devolve através de dividendos e juros sobre capital, e ainda contribuo para a valorização das ações.

A conta que fiz foi simples: eu tinha um carro que valia cerca de 44 mil reais pela tabela FIPE quando o vendi.

Custos	Valores
Seguro	2800
IPVA	1470
Revisões	1300
Manutenção	1000
Depreciação	4400
Deságio na venda	4400
Anual	**15.370**
Mensal	**1.280,83**
Combustível	520
Estacionamento	130
Outros custos	100
Mensal	2.030,83

E SE EM VEZ DE
SÓ CONSUMIRMOS
DESSAS
EMPRESAS,
PUDÉSSEMOS SER
SÓCIOS DELAS?
SE A CADA VEZ
QUE ALGUÉM
CONSOME
UM ITEM NO
SUPERMERCADO
OU VAI AO
SHOPPING, VOCÊ
PUDESSE SE
BENEFICIAR COM
ESSA COMPRA?

O custo anual para manter meu Fiesta era de cerca de 15 mil reais, isso dava quase 1.300 reais por mês, sem contar as despesas com combustível, estacionamento e eventuais multas. A partir daí, decidi só voltar a ter um carro quando isso fizesse muito sentido na minha vida. Antes de passar a alugar carros, comecei usando aplicativos de transporte. Para fazer sentido manter meu carro, eu precisava realizar mais de duas corridas de aplicativo por dia, no valor de 30 reais cada. Como não fazia nem perto disso, a escolha foi simples.

A conta para carros alugados é um pouco mais complicada, mas foi basicamente encontrar formas de alugar carros por um valor perto de 1.300 reais por mês – para valer a pena fazer essa troca, não posso ultrapassar os gastos que tinha com o meu carro próprio, entende? Para facilitar o processo, acabei descobrindo que, se você aluga por períodos de vinte dias e tem um cartão de crédito Platinum ou superior, pode usar o seguro de locação da bandeira do cartão, que é gratuito, e o valor da locação fica muito mais acessível. Além disso, várias empresas de locação fazem promoções mensalmente, o que tornava possível ter um carro semelhante ao que eu tinha gastando cerca de 1 mil reais por mês. Após algumas experiências, optei por alugar apenas com a empresa da qual adquiri as ações (comprei o equivalente ao valor de um carro em papeis dessa companhia) e, conforme meu padrão de vida aumenta, vou fazendo upgrades de categoria e locando carros melhores.

Decidi também não ter um imóvel próprio e, em função da minha rotina e incerteza em relação ao futuro, optei por alugar um apartamento mobiliado. Dessa maneira, caso eu precise me mudar para outra cidade ou país, não preciso me preocupar em me desfazer dos móveis e tenho mais flexibilidade. A conta que eu fiz foi simples e é por isso que também não acredito em imóveis como investimento.

Um imóvel de 1 milhão de reais é alugado por um valor entre 4 mil e 5 mil reais, dependendo da região, cidade e perfil do imóvel. Esse mesmo valor aplicado em um bom fundo de investimento imobiliário rende cerca de 6 mil reais por mês. Um imóvel de 200 mil reais pode ser alugado por cerca de 1.000 a 1.200 reais por mês.

Para mim, é uma questão de custo de oportunidade. Eu faço a seguinte conta: o valor médio de um aluguel, dependendo da região, gira em torno de

0,3% a 0,6% do valor total do imóvel. Já um fundo imobiliário rende entre 0,5% e 0,7% ao mês.[122] Ou seja, investindo o dinheiro do imóvel, você consegue pagar o aluguel e ainda sobra um pouco para reinvestir, aumentando ainda mais a carteira de investimento. Tudo isso com a vantagem da isenção de imposto de renda dos fundos imobiliários.

Além disso, eu tenho mais liquidez nesse dinheiro, podendo usar em eventuais oportunidades, além de evitar todos os custos do imóvel que ficam a cargo do proprietário. Para as pessoas que decidem investir em imóveis para ter uma receita com aluguéis, o raciocínio é o mesmo: é possível ganhar mais investindo em um fundo imobiliário, sem ter a dor de cabeça de lidar com inquilinos, com a manutenção, ou ainda, eventualmente, arcar com os custos de um imóvel vazio e pagar o imposto de renda.

Há apenas uma situação em que eu acho válida a compra de um imóvel: se você tiver uma quantia no Fundo de Garantia do Tempo de Serviço (FGTS) que possa usar para dar de entrada ou pagar uma parte do valor total do imóvel. E digo isso porque o FGTS rende muito pouco, apenas 3% em 2018, e atualmente existe a possibilidade de você antecipar a liberação desse valor na compra de um imóvel.

Uma das principais coisas que aprendi com Hulisses Dias foi o entendimento de que, se não tenho tempo para acompanhar o mercado de ações, o ideal é encontrar uma solução para que eu não precise pensar nisso todos os dias. Então, em vez de investir diretamente em empresas, a sugestão para o meu caso foi investir por meio de ETFs. Na prática, são fundos de investimentos que investem nos mesmos ativos que compõe os índices das Bolsas de Valores. Dessa maneira, eu consigo investir e ter uma performance equivalente ao mercado.

Eu recomendo os ETFs que atuam nos índices americano S&P 500, que é o IVVB11, e Ibovespa, que é o BOVA11, pois assim ainda é possível estar exposto na Bolsa americana e também na brasileira, respectivamente, com liquidez e baixas taxas de administração (que geralmente são mais baratas que a média dos outros fundos de investimento).

A vantagem é que eu posso fazer esses investimentos em diversos mercados (Estados Unidos, Europa etc.) sem sair do Brasil, ou seja, por meio de uma corretora brasileira, e mantendo a liquidez do meu patrimônio, pois posso vender esses ativos quando quiser.

Acredito que essa seja uma dica interessante para quem está começando. É uma maneira de ganhar fôlego para ir se acostumando com a adrenalina da Bolsa.

Mas saiba, também, que investir não é algo totalmente simples e que não há problema algum em decidir chamar um especialista para cuidar da sua carteira. "Quando fazemos uma reforma em casa, chamamos um arquiteto. Com o investimento também pode ser assim", afirma Tito Gusmão,* CEO da fintech Warren Brasil.

Para Tito, os consumidores brasileiros, entretanto, precisam de atenção redobrada, pois, como já comentei em outros momentos do livro, "a indústria do investimento roda no conflito de interesse, porque a pessoa que indica recebe comissão para vender aquele produto que está indicando", explica.

Para fugir dessa lógica que prejudica o investidor, a Warren Brasil foi inspirada na forma como os grandes investidores investem. Eles possuem um especialista que faz a gestão do patrimônio por meio de indicação de produtos. Porém, a grande diferença é que esses profissionais não ganham comissão, mas um *fee* (valor percentual) de acordo com o crescimento do montante. Esse tipo de relação é chamada de gestão de riquezas (tradução do termo inglês *wealth management*). Na Warren, o investidor paga uma taxa de 0,5%[123] ao ano pela gestão da sua carteira e não há custo embutido nos produtos. Dessa forma, segundo Tito, empresa e investidor estão juntos e alinhados no mesmo propósito.

Independentemente de aplicar em ETFs, nas empresas diretamente, ou por meio de corretoras digitais, saiba que tudo isso demora. E é assim mesmo. Fundos imobiliários também são ótimas formas para começar a investir, por serem mais palpáveis. Você pode investir em um fundo de determinado shopping e ir pessoalmente até lá checar se esse local tem público, se os espaços estão locados ou vazios, enfim, sentir fisicamente se é uma boa opção ou não.

---

* Tito Gusmão, em entrevista concedida ao autor em 9 out. 2019.

Depois de muito aprendizado favorecido pela proximidade com investidores experientes, como Hulisses Dias e Tiago Reis, além de consumir e estudar bastante conteúdo sobre o mercado de ações, fiz uma lista de dicas para compartilhar com você:

+ **Não perca dinheiro. Eu sei, parece óbvio, pois ninguém quer perder dinheiro. Mas, se deixarmos as emoções aflorarem, é muito fácil perdermos dinheiro na Bolsa.**
+ **Não assuma riscos desnecessários.**
+ **Não banque o *day trader*: ninguém tem saúde para isso.**
+ **Pense no longo prazo: não há retorno se o longo prazo não for respeitado.**
+ **Aposte em marcas e produtos essenciais e duradouros na vida das pessoas, ícones como Coca-Cola, Apple, Microsoft etc.**
+ **Invista em empresas que tenham histórico de consistência de lucro e pagamento de dividendos.**
+ **Investir na Bolsa não é mais importante do que os momentos dedicados à família e aos amigos. Portanto, não fique obcecado com o mercado de ações.**

O BICHO-PAPÃO FINANCEIRO: ENTENDER O RISCO PARA CONTROLAR O MEDO

Quando decidimos investir na Bolsa de Valores, é muito comum amigos e familiares tentarem nos dissuadir alegando que o negócio é muito arriscado e que se perde dinheiro no mercado de ações. É verdade, podemos perder dinheiro, sim, como já mencionei anteriormente. Mas também é verdade que participar da Bolsa com consistência e respeitando o tempo dos investimentos pode ser uma ótima maneira de proteger o seu patrimônio, realizar sonhos e construir riqueza.

Portanto, não devemos ter medo desse tipo de investimento. Há quatro conceitos fundamentais que fizeram a diferença para mim e que explicarei a seguir, de forma detalhada. São eles: o custo de oportunidade, o risco previsível, o risco imprevisível (conhecido também como cisne negro) e a antifragilidade.

Lembra-se do exemplo que dei em relação à minha decisão de não ter uma casa? Pois então, para mim, a oportunidade de ter o dinheiro rendendo em um fundo imobiliário é maior do que o custo de mantê-lo preso em um imóvel próprio. Olhemos por um outro prisma. Entre deixar seu dinheiro na poupança ou aplicado no Tesouro Direto e em alguns tipos de CDB, qual você escolheria? Esses produtos têm riscos muito semelhantes, sendo que alguns títulos do Tesouro Direto* e de CDBs rendem quase o dobro,[124] se comparados à poupança. Ou seja, se você investir na poupança, estará perdendo dinheiro se comparado a outro tipo de aplicação cujo risco é praticamente o mesmo.

Diariamente lidamos com esse tipo de análise. Para tirar férias, por exemplo, é preciso decidir entre fazer uma viagem bacana ou ficar próximo dos amigos e da família e curtir de outras formas. Existe algum tipo de perda em uma dessas escolhas? Não necessariamente. Existe a sua decisão do que é melhor para você naquele momento.

O custo de oportunidade é uma escolha inevitável entre duas aplicações: a decisão em investir em A pressupõe, obrigatoriamente, deixar de aproveitar as eventuais vantagens de B.[125] Não quer dizer que você pagará uma multa nem terá prejuízo. Mas é possível que você perca uma oportunidade de maior valorização do seu dinheiro dependendo da escolha que fizer. Como tudo na vida.

É importante ter em mente que, quando você calcula ou reflete sobre o custo de oportunidade, a base de comparação é a mesma: o risco que existe é igual, o que muda é o potencial de ganho entre as aplicações analisadas. Mas, dependendo do investimento, o risco aumenta. Por isso, precisamos estar sempre atentos à seguinte pergunta: o risco é em relação a quê? Risco não é uma medida absoluta, mas sim relativa. É necessário sempre colocá-lo em uma escala de referências para entender o cenário e fazer a melhor escolha.

Sempre dou este exemplo: se oferecerem a você mil reais para pular do primeiro andar de um prédio, você pula? Provavelmente, você vai recusar, pois o risco de quebrar as pernas é alto. Mas e se oferecerem a você 50 mil reais? Ou 300 mil? Já bate uma dúvida, certo? Você vai começar a considerar

---

* Neste caso, a comparação é feita levando em consideração que o investidor manterá o título no Tesouro Direto até o seu vencimento. Se o investidor vender o título antes, o cenário muda completamente.

PARTICIPAR DA BOLSA COM CONSISTÊNCIA E RESPEITANDO O TEMPO DOS INVESTIMENTOS PODE SER UMA ÓTIMA MANEIRA DE PROTEGER O SEU PATRIMÔNIO, REALIZAR SONHOS E CONSTRUIR RIQUEZA.

a ideia de pular, porque o risco de se machucar pode ser menor do que o prêmio que você irá receber.

Tudo vai depender da sua tolerância e sensibilidade a riscos. Portanto, entre a poupança e o Tesouro Direto, você tem uma questão de custo de oportunidade, pois o risco é igual entre os dois ativos.[126] Já se você for escolher entre o Tesouro Direto e ações, a situação é diferente, pois você precisa identificar os riscos que envolvem essa decisão, por se tratar de ativos com características diferentes.

Existem os riscos previsíveis, como o risco-país, um conceito difundido internacionalmente e que serve para analisar possíveis mudanças no ambiente de negócios que possam afetar positiva ou negativamente os ativos de determinado país.[127]

Para esse tipo de tomada de decisão, você precisa acompanhar a situação da economia do Brasil e do mundo, além do dia a dia das empresas e dos fundos nos quais você investe. Esse tipo de análise é muito pessoal e dependerá somente de você. Para isso, é preciso ler, estudar e acompanhar investidores experientes e veículos com credibilidade para você formar a sua própria opinião.

Por último, há os conceitos de cisne negro e antifragilidade, criados pelo escritor e economista Nassim Nicholas Taleb.[128] Não são conceitos fáceis, mas, acredite em mim, podem mudar o seu jeito de olhar para o mercado de investimentos e até mesmo para a sua vida.

Há situações incontroláveis, que fogem das observações dos analistas e das fórmulas complexas, por mais que você as estude profundamente.[129] O cisne negro se refere a um evento muito raro, imprevisível e que gera consequências extremas. Há muitos exemplos famosos: o atentado de 11 de setembro, o *crash* dos bancos Bear Sterns e Lehman Brothers e a crise de 2008.[130] Um exemplo bem brasileiro é o dia conhecido como Joesley Day, com o vazamento de gravações referentes ao então presidente Michel Temer,[131] provocando naquele dia o mecanismo de *circuit breaker* após quase uma década sem ser utilizado.*

---

* *Circuit breaker* é uma ferramenta de segurança utilizada para interromper todas as operações da Bolsa por um determinado tempo, e é usada em eventos atípicos que interferem no preço das ações de forma brusca. É uma espécie de pausa na Bolsa para que os preços se reestabeleçam de forma orgânica. (N. A.)

Para Taleb, tanto o investidor quanto os profissionais do mercado financeiro precisam estar preparados para qualquer evento que venha a ocorrer, pois os cisnes negros – os imprevisíveis – fazem parte do jogo. Mas você pode estar se perguntando: "É realmente possível se preparar para o imprevisível?". A resposta é: sim! Você pode diversificar a sua carteira e usar a estratégia da antifragilidade.

O conceito de antifragilidade também é muito importante na obra do autor e podemos afirmar com toda certeza que está presente na nossa vida mesmo sem percebermos. Sabe aquela calça jeans que quanto mais surrada, mais confortável fica? Parece um paradoxo, mas é isso mesmo. A antifragilidade é a capacidade que empresas e ativos possuem de se dar bem em eventos aleatórios, principalmente em momentos de choque. Quanto pior for a crise, melhor é para alguns ativos, pois se beneficiam desse momento de insegurança e volatilidade. Passada a tormenta, esse ativo acaba se tornando mais resistente e mais preparado para outros momentos de incerteza. A **imagem 5** pode nos ajudar a visualizar melhor esse conceito. Em momentos atípicos ou eventos imprevisíveis, o ativo frágil perde valor e causa prejuízo, em uma curva decrescente e côncava. Ao contrário do antifrágil, que se fortalece, cresce e valoriza, em uma curva ascendente e convexa.

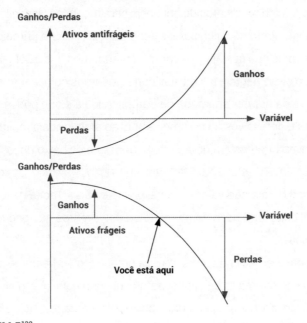

IMAGEM 5[132]
Durante um período de incerteza, o ativo frágil perde valor. Enquanto que o ativo antifrágil ganha valor.

Nesse contexto de antifragilidade, as ações são um bom exemplo de como podemos nos beneficiar da crise. É claro que elas irão sofrer em um momento de cisne negro, não há dúvida. No entanto, o seu máximo de perda é de 100%.

Ao passo que, em uma crise, o seu negócio pode quebrar e você pode sair endividado, na Bolsa, você pode perder todo o seu patrimônio, mas não sairá devendo.

O importante é ter paciência para seus investimentos na carteira e, enquanto elas se fortalecem para possíveis ganhos futuros.

Sempre que possível, é interessante termos recursos disponíveis (ou em aplicações com boa liquidez) para usarmos em momentos de oportunidade e aumentar nossa exposição a bons ativos. Warren Buffett nos dá um bom exemplo: por diversas vezes, mantém bilhões de dólares disponíveis para quando houver uma boa oportunidade. Essa é a materialização da famosa frase: "Comprar quando todos estão vendendo e vender quando todos estão comprando".

Também é importante termos sempre em mente que ações podem gerar ganhos ilimitados em momentos de bonança, geralmente pós-crise.

Todo o pensamento de Taleb parece ser paradoxo, em um primeiro momento, mas, depois que nos aprofundamos, entendemos que é genial. Após compreender o cisne negro e a antifragilidade, podemos colocar em prática a estratégia criada por ele, chamada de Barbell. A ideia é que podemos ser conservadores e agressivos ao mesmo tempo, ao alocarmos a maior parte dos nossos investimentos em uma carteira diversa e de baixo risco. E uma parcela menor em investimentos de altíssimo risco. Para ele, os investimentos de risco médio não valem a pena, pois ele não acredita na ideia de que é possível calcular o risco do mercado ou dos eventos que ocorrem de forma imprevisível.

Isso pode parecer fácil na teoria, mas na prática requer bastante conhecimento e um volume maior de capital para conseguir equilibrar o portfólio. Na minha opinião, aplicar um percentual baixo da carteira (de 1% a 2% para investidores conservadores) em Bitcoins e em criptomoedas pode oferecer a diversificação sugerida por Taleb e o equilíbrio de risco, já que possuem um perfil convexo de retornos. Além de serem ativos com pouca correlação com o mercado de ações, as criptomoedas podem se beneficiar em casos de cisnes negros.

Mais do que entender e tentar prever o comportamento dos mercados (ou de outras coisas na sua vida), é melhor se expor a ativos ou situações antifrágeis e pensar de forma convexa, ou seja, ganhando em momentos de crise. "Acho que a pessoa tem que ter um plano prévio, por isso que eu gosto de cenários em que eu falo de convexidade, porque são cenários em que não importa o que vai acontecer, eu já me preparei antes", afirma o investidor Richard Ryterband.* Além disso, nos eventos de cisne negro, você pode se reposicionar para aumentar sua exposição à renda variável. Dessa maneira, consegue comprar quando estão com valores menores na baixa e também no momento em que o mercado voltar ao normal – porque, mais cedo ou mais tarde, ele vai voltar. Ou seja, olhando por essa perspectiva você conseguirá rentabilizar em cima da situação.[133]

Como vimos, não há razões para não investir na Bolsa. Temos medo, preconceito e falta de cultura no Brasil para investimentos, eu sei, porém há casos em que comprar ações pode ser até mais seguro do que empreender. Além disso, é possível estar "exposto", ou seja, ter seu dinheiro alocado, de forma diversificada e segura. A minha sugestão é sempre ter em mente o raciocínio apresentado por Taleb: mantenha a maior parte dos seus investimentos em ativos seguros e conservadores. No entanto, deixe uma pequena parte (entre 1% a 5% do seu patrimônio) em um investimento de maior risco, buscando ativos antifrágeis e convexos. É esse movimento que pode fazer toda a diferença na sua vida, pois ele pode proteger você em um momento de crise. Vale a pena tentar!

---

* Richard Ryterband, em entrevista concedida ao autor em 7 ago. 2019

PRECISO ME ORGANIZAR FINANCEIRAMENTE

Sempre fui muito radical nas minhas resoluções de vida. Quando me dou uma meta, reflito bastante sobre sua exequibilidade, pois sei que vou me cobrar muito para cumpri-la. Cada um tem um jeito de lidar com o seu dinheiro e com as decisões tomadas sobre ele. No meu caso, comecei a trabalhar e ganhar dinheiro ainda adolescente e, desde então, já poupava parte desses ganhos. Guardar dinheiro sempre foi meu principal objetivo. Eu estipulava uma meta para guardar e vivia (pagava contas, me divertia etc.) com o restante. Sei que pode parecer drástico, mas cada pessoa lida com o dinheiro de uma forma diferente. Quando eu tinha 21 anos, já era oficial do Exército e decidi comprar meu primeiro carro. Parcelei o financiamento em dezoito meses e, ainda que o valor da parcela consumisse mais da metade do meu salário, não vacilei. Passei um ano e meio contando os centavos para não entrar no cheque especial e, no final, ainda consegui negociar o restante do pagamento e, então, completar a meta.

Não quero, com isso, dizer que esse é o único caminho. Pelo contrário. Cada um precisa encontrar sua forma de lidar com dinheiro. Independentemente da maneira como for feito, poupar é o começo da jornada. Não adianta fugir desse fato. O que posso dizer a você é o seguinte: antes de qualquer movimento, de qualquer impulso ou de qualquer desejo louco de ir ao shopping, pare, respire, se concentre e POUPE. Retire parte do valor recebido da sua conta corrente e coloque-a logo em um investimento. O meu segredo foi inverter a ordem: primeiro poupar e depois pagar as contas. Pense nisso. O que você tem que fazer é: pagar as contas do dia a dia – e essas contas têm que estar dentro do seu padrão de ganho – e investir em seguida. Depois que passamos dessas duas etapas é que podemos gastar. A ideia é gastar o que sobrou, e não investir o que sobrou.

Alguns especialistas sugerem outra receita: reservar 50% para gastos essenciais, 15% para prioridades financeiras (como quitar dívidas ou alimentar uma poupança para o futuro) e 35% para despesas com estilo de vida (hobbies e lazer).[134]

Veja que há muitas formas de se alcançar o mesmo objetivo. Por isso, experimente e veja o que funciona melhor para você. A boa notícia é que, hoje, a tecnologia é uma incrível aliada do processo para nos tornarmos protagonistas da nossa vida financeira.

Há muitas fintechs que podem auxiliar você na tomada de decisões importantes e, como exemplo, posso citar o Guiabolso, um aplicativo de finanças pessoais que sincroniza as informações bancárias e de cartões de crédito do usuário em uma só plataforma. Criado em 2014, a empresa conta com mais de 4,5 milhões de usuários[135] que planejam suas finanças pessoais, criam metas para suas vidas e visualizam suas transações bancárias, mesmo que de contas de bancos diferentes.[136] Considerando que é realmente difícil criar e manter uma planilha de Excel com esses valores, esse aplicativo ajuda muito. Apenas 2% das pessoas que criam planilhas financeiras conseguem mantê-las atualizadas.[137] Portanto, ter todas essas informações de qualidade disponíveis em um aplicativo é fundamental para conseguir trilhar a jornada de poupar e investir.

Outro aplicativo interessante e que pode ser de grande auxílio é a Olivia, uma startup criada por brasileiros no Vale do Silício, que pede "licença" ao usuário para ter acesso aos dados da conta bancária e do cartão de crédito.[138] Dessa forma, ela consegue entender um padrão de ganhos e gastos, informa o usuário sobre a sua situação financeira e o incentiva a poupar. Como o aplicativo é baseado em inteligência artificial, ele "aprende" sobre seus gastos e sugere formas de economizar no supermercado, nas refeições fora de casa e em tarifas bancárias.[139]

O importante é entender que não é possível tomar qualquer decisão na sua vida financeira sem ter informação de qualidade em mãos. Com ferramentas como o Guiabolso e a Olivia, você terá a dimensão dos seus gastos e poderá planejar com consistência e com o pé no chão.

PRECISO PAGAR MENOS JUROS

Um dos grandes problemas da população brasileira é ficar sem dinheiro e precisar de crédito. Todos nós passamos por períodos difíceis na vida, que bagunçam nossas finanças. Há momentos em que ficamos desempregados, precisamos de dinheiro por uma questão de saúde na família ou damos um passo maior do que poderíamos e acabamos endividados. E não devemos nos envergonhar disso. Faz parte do jogo e a vida é assim, tem seus componentes de imprevisibilidade.

No entanto, passar por esse tipo de situação no Brasil e precisar pedir um empréstimo é acrescido por um componente que chega a ser cruel: a nossa taxa de juros. Mesmo estando no seu patamar mais baixo da história já há algum tempo, os bancos brasileiros são os segundos do mundo no quesito *spread* bancário, ou seja, a diferença entre o que as instituições pagam para captar dinheiro e o que cobram quando o emprestam aos seus clientes. Perdemos apenas para Madagascar.[140] O custo do dinheiro no cheque especial ou no cartão de crédito é espantosamente alto. Se a sua conta corrente ficar vermelha, poderá pagar mais de 12%[141] de juros por mês. Caso prefira rolar a dívida no cartão de crédito, poderá pagar mais de 300% ao ano.[142]

Recorrer a uma instituição financeira tradicional ainda é a opção mais popular. Os maiores bancos ainda são a principal fonte de empréstimos no Brasil. Em maio de 2019, o Banco Central divulgou um relatório revelando que os cinco maiores bancos brasileiros – Itaú Unibanco, Bradesco, Banco do Brasil, Santander e Caixa Econômica – são responsáveis por 84,8% dos empréstimos concedidos no país.[143]

E precisa ser assim? Fico feliz em dizer que não. Há outras maneiras mais baratas de pedir empréstimos e, mais uma vez, contaremos com a ajuda da tecnologia e das fintechs para isso.

Elas estão surgindo às dezenas e buscam minimizar custos e burocracias da população em geral. Em 2017, havia 33 fintechs na área de crédito no Brasil. Em 2018, esse número mais que dobrou, totalizando setenta fintechs e, em 2019, pulou para 95 fintechs, o equivalente a 18% do total no Brasil.[144] Há dois perfis de fintechs de crédito: as que emprestam com juros menores do que as instituições financeiras tradicionais e as que fazem o empréstimo interpessoal. Vou falar sobre esses dois casos.

FINTECHS QUE EMPRESTAM DINHEIRO MAIS BARATO

As fintechs de crédito conseguem oferecer empréstimos com taxas de juros mais acessíveis, pois são startups com custos operacionais bem mais baixos do que os de um banco tradicional. Essas empresas têm equipes menores, são mais focadas em determinados produtos financeiros e, principalmente, são empresas de tecnologia.

As ferramentas desenvolvidas possibilitam prever de maneira mais precisa o comportamento do consumidor, otimizando a prevenção de fraude. Tudo isso se configura como um grande auxílio para reduzir o risco de inadimplência.[145] O empréstimo é totalmente on-line e cai na conta do solicitante em cerca de 24 horas. Um empréstimo pessoal em um banco tradicional fica a partir de 5,5%[146] ao mês e, em uma fintech, pode começar a partir de 1,59% ao mês. Portanto, antes de qualquer movimento de empréstimo, não deixe de cotar o valor nessas plataformas, que oferecem um serviço totalmente virtual e rápido.

FINTECHS QUE MEDIAM EMPRÉSTIMOS INTERPESSOAIS

Outra forma mais recente e inovadora de conseguir crédito é por meio das plataformas de empréstimo interpessoal, também conhecidas como *peer--to-peer lending* (P2P). Nesse modelo, pessoas físicas emprestam dinheiro para outras pessoas físicas ou para pequenas e médias empresas de forma direta e, em contrapartida, obtêm juros sobre o valor emprestado. Tudo isso dentro de uma ferramenta on-line de uma fintech especializada em *peer-to--peer lending*.[147]

Essa é uma modalidade de empréstimo relativamente nova no Brasil, mas já foi regulamentada pelo Banco Central, que estipulou regras e um limite de até 15 mil reais de empréstimo por tomador.[148] As rentabilidades para o investidor – ou seja, para quem está emprestando – variam entre 14% e 50% ao ano, taxas bem mais interessantes do que as de outros investimentos mais conservadores. Nesse caso, os dois lados ganham: você pode testar essas plataformas como investidor dentro da sua carteira, mas também pode tomar dinheiro emprestado mais barato, seja para um momento da vida ou para o seu negócio.

Cabe salientar que, como em qualquer outro investimento, quanto maior for o risco, maior deve ser a atratividade do retorno oferecido.[149] E o risco pode ser bastante alto. As fintechs são intermediárias do processo e não são responsáveis por possíveis atrasos ou inadimplências. Ou seja, o risco é alto e, nesse caso, não há nenhum tipo de seguro ou proteção como a do Fundo Garantidor de Créditos. Por isso, reflita e pesquise bastante antes de se aventurar nesse tipo de investimento.

Esse movimento de pessoas emprestando dinheiro a outras pessoas terá, em um primeiro momento, mais significado do que podemos imaginar, e vai além de uma taxa de juros menor, segundo Fabricio Sanfelice,* sócio da fintech de empréstimos *peer-to-peer* Mutual. "A ideia é ser uma alternativa diferente... Os tomadores de créditos estarão expostos a uma política de crédito de milhares de investidores que chegam até lá e falam: 'Eu quero emprestar para esse cara porque eu vi que o motivo de empréstimo dele e ele é empreendedor e é transexual. Eu quero ajudar pessoas'."

Na Mutual, os tomadores podem oferecer informações dentro da plataforma que acham interessante. Dessa forma, a fintech constrói um ambiente para conectar pessoas que possuem o mesmo perfil ou objetivos. "As pessoas podem escolher todas as opções de gênero, de cor, de raça, tudo. Porque a gente quer que as pessoas criem comunidade, que elas se identifiquem. A gente vê muitas pessoas falando: 'E se eu quiser emprestar somente para mulheres empreendedoras?'. Você pode. Porque, primeiro, cria-se a sensação de comunidade. Depois, porque você consegue acompanhar aquela pessoa. E, por outro lado, tem a cumplicidade do tomador de crédito em reconhecer que não está sendo ajudado por uma grande instituição, mas sim por outra pessoa que está lá, do outro lado, ajudando a realizar o sonho dele."

POUPAR E ECONOMIZAR NA HORA DE COMPRAR

Outra forma muito interessante de economizar dinheiro é com o *cashback*, que significa, literalmente, ter o dinheiro de volta ao fazer uma compra. Essa é uma modalidade de recompensa recorrente nos Estados Unidos, mas ainda

---

* Fabricio Sanfelice, em entrevista concedida ao autor em 16 ago. 2019.

O IMPORTANTE É ENTENDER QUE NÃO É POSSÍVEL TOMAR QUALQUER DECISÃO NA SUA VIDA FINANCEIRA SEM TER INFORMAÇÃO DE QUALIDADE EM MÃOS.

nova aqui no Brasil. O *cashback* não é um desconto. É mais parecido com um programa de milhagem no qual, em vez de acumular pontos, você acumula dinheiro ou algum tipo de bônus. A outra vantagem em relação ao programa de fidelidade de milhas é que esse valor não tem data de expiração.

Vale a pena ficar de olho e incorporar esse hábito ao seu dia a dia, pois é vantajoso para o bolso. A Apple, por exemplo, lançou um cartão de crédito com a bandeira Mastercard. Todas as compras feitas por meio desse cartão tem um retorno de 2% para o seu usuário. Se forem compras feitas diretamente nos canais próprios da Apple, esse percentual sobe para 3% do gasto total.[150]

Há sites especializados em *cashback* que são gratuitos para consumidores e recebem uma comissão das empresas para anunciar seus produtos ou serviços. Uma parte dessa comissão é devolvida aos usuários.[151] No Brasil, um dos primeiros a investir nessa ideia foi a startup Méliuz. O valor mínimo de recompensa é de 0,75% do preço do produto ou serviço. O valor máximo chega a 150%, em campanhas especiais. E, como forma de devolução, o dinheiro cai na conta bancária do usuário.[152]

Pesquise que você encontrará outras formas de incorporar isso ao seu cotidiano.

É POSSÍVEL FAZER O DINHEIRO RENDER MAIS

Outra onda interessante e que vale a pena ficar de olho é a do robô-advisor, uma plataforma on-line de consultoria para investidores pessoa física totalmente automatizada por robôs. Nesse caso, o robô analisa o perfil do investidor e seus objetivos financeiros e busca, através de uma pesquisa entre centenas de produtos financeiros, aquele que é mais adequado para aquela pessoa. É o próprio robô que dá a ordem de compra, que é feita por meio de uma corretora parceira.[153]

Enquanto em um banco tradicional a taxa de administração de um fundo pode chegar a 4%, com qualquer uma das plataformas robotizadas o custo fica abaixo de 1%. Outro fator de vantagem para essa modalidade de investimento é que o robô não tem conflito de interesse com o cliente, como pode ocorrer no caso das instituições financeiras.[154] Lembra-se de que comentei sobre isso com você no começo do livro? O robô pode substituir a figura do gestor, tornando a transação mais direta e mais racional. Enquanto isso, os robôs-advisor são cada vez mais utilizados por investidores que buscam taxas menores, zero conflito de interesses, menos erros (pois não há emoção em jogo) e mais agilidade. E quais cuidados são necessários nesse caso?

O primeiro deles é com a escolha da plataforma. Os robôs fazem a gestão das aplicações e há corretoras parceiras que compram os ativos. Ou seja, a plataforma precisa garantir que a corretora é de confiança e não tem perigo de quebrar.[155] Segundo, a plataforma precisa ser extremamente transparente em relação às taxas. E, por último, é preciso checar se os saldos mostrados pelas empresas já consideram o desconto de impostos que incidem sobre os investimentos.[156]

Mas, de novo, antes de fechar algo é preciso pesquisar, comparar e fazer contas. O importante é você fazer a melhor escolha para a sua vida e para os seus objetivos.

GERENCIAR E ACOMPANHAR MEUS INVESTIMENTOS

Você percebeu que eu sugeri a você várias dicas para diversificar os seus investimentos e testar novos produtos financeiros? Ou seja, nada de deixar o dinheiro parado na poupança, ok? Mas não quero criar uma nova aflição para você, não é essa a minha intenção.

Quando abrimos o leque de investimentos, deixamos nosso dinheiro rendendo em lugares diferentes: bancos, corretoras, fintechs. E precisamos ter o controle disso. Acredito muito naquele ditado que, embora velho, continua certeiro: "O olho do dono engorda o gado". Por isso, nada de sofrer nem desistir de diversificar só para não gerar uma nova dor de cabeça. Algumas fintechs já começaram a pensar nisso e há ótimas opções que podem ser parceiras interessantes.

Assim como o Guiabolso, que cruza suas informações de conta corrente e cartão de crédito, há fintechs que cruzam suas informações sobre aplicações e fornecem a você um olhar individual e total da sua carteira de investimentos.[157]

Além disso, esses aplicativos conseguem demonstrar seus *status* em relação aos indicadores de referências, como poupança e inflação, e oferecem a você um panorama geral do seu patrimônio e das suas aplicações, organizadas por categoria. Bom, né?

Ou seja, não tem motivo para não investir. É trabalhoso, pois é preciso tomar conta do dinheiro de forma ativa – sem ficar delegando essa responsabilidade para terceiros. Contudo, há soluções amigáveis e práticas que, no dia a dia, ajudarão você a economizar nas compras, obter empréstimos mais baratos quando necessário, gerenciar melhor seu dinheiro e seus investimentos e, inclusive, a fazer um "extra" no fim do mês. Já dá para começar a colocar isso em prática agora mesmo. Não perca tempo!

NÃO TEM MOTIVO PARA NÃO INVESTIR. É TRABALHOSO, MAS EXISTEM SOLUÇÕES AMIGÁVEIS E PRÁTICAS QUE, NO DIA A DIA, AJUDARÃO VOCÊ A GERENCIAR MELHOR OS SEUS INVESTIMENTOS.

CONHECIMENTO GERA RIQUEZA

empre fui um cara muito questionador. Nunca comprei nenhuma informação pronta e sempre busquei entender o porquê das coisas. Lembro-me de que, na escola, chegava até a incomodar os colegas e os professores com o excesso de questionamentos. Quando eu comecei a estudar Bitcoin, me identifiquei logo no início com um conceito por trás de todo esse movimento e que sempre esteve presente na minha vida: *"Don't trust, verify"*. Ou em português: "Não confie, verifique". Para mim, estudar, buscar conhecimento em diversas fontes e aprender são ações que fazem parte da minha formação e do meu cotidiano. Esse entendimento serve para tudo: não confie em ninguém cegamente.

Dito isso, repito: na vida, não há guru, profeta ou fórmula mágica. Há esforço, dedicação e muito estudo. Por isso, conhecimento gera, sim, riqueza. Quanto mais você conhece um assunto, menos propenso você estará a golpes ou erros bobos e desnecessários. Ou seja, menos dinheiro você perde. E esse conhecimento é o que o ajudará a chegar primeiro nas boas oportunidades e a ser um profissional melhor, fazendo, portanto, com que você ganhe mais dinheiro. Acho que todo mundo concorda que essa equação funciona: gastar menos + ganhar mais + identificar boas oportunidades de investimentos = você irá gerar riqueza e construir seu patrimônio em busca da liberdade financeira.

Para provar como o conhecimento é essencial, contarei um pouco sobre a minha história com Bitcoin. Ela mostrará a você que também me arrisco e que uma dose de risco é sempre necessária. No entanto, há uma dose de desconhecimento que é desnecessária e o risco poderia ser evitado se eu tivesse estudado o tema antes, o que é algo necessário.

Comprei meu primeiro Bitcoin no final de 2015. Naquele momento, eu não entendia direito seu funcionamento e fiz mais como um teste. No ano seguinte, passei a me dedicar mais ao tema, fiquei animado e comecei a levar o assunto muito a sério. Fui distribuidor de carteiras físicas específicas para criptomoedas (explico mais sobre elas a seguir) no Brasil e na América Latina e, como já disse, em 2018, abandonei minha carreira militar para me dedicar à gestora de investimentos que abrimos nos EUA.

Por seu conceito, o Bitcoin pertence, apenas, ao seu proprietário, ou seja, só àquele que estiver em posse da chave privada que dá acesso à moeda. A maior parte das carteiras, tanto de aplicativos de celulares quanto em carteiras físicas, convertem a chave privada em uma sequência de doze a 24 palavras que funcionam como um backup. São as chamadas "palavras-semente", que basicamente criptografam um código de mais de cinquenta algarismos nessa sequência de palavras. O fato é que, quando comprei o meu primeiro Bitcoin, anotei o código no meu celular, mas, por desconhecimento total, não dei importância para a sequência dessas palavras. Em 2017, troquei de celular. Fiz o backup na iCloud e, como aparentemente todos os aplicativos estavam no celular novo, apaguei tudo do antigo e o vendi. Resultado? Ao tentar acessar minha carteira novamente, percebi que a mesma estava zerada e deveria usar as palavras de backup para recuperar o meu acesso. Como não anotei na sequência correta, fiquei sem acesso àqueles Bitcoins. Na época, 1 BTC valia cerca de 3.500 reais e, mesmo frustrado, acabei desistindo e deixando isso como custo de aprendizado.

Entretanto, imagine você o meu desespero quando o preço de 1 Bitcoin bateu quase 70 mil reais em dezembro de 2017? Foi complicado! Acionei um amigo e começamos a tentar "quebrar" o código na força bruta, ou seja, tentando encontrar a sequência correta através de tentativa e erro. Foram algumas semanas até conseguir colocar as palavras na sequência certa. Olha o desperdício de tempo para resolver um problema gerado por pura ignorância. O meu erro não é tão incomum assim. Já ouvi vários relatos de situações parecidas. Em um sistema como o Bitcoin que é distribuído e que não há uma entidade ou suporte à quem recorrer, se você perder o código, perdeu. A responsabilidade é completamente sua. Como já diria o tio do Homem-Aranha, Ben Parker, no primeiro filme da saga: "Com grandes poderes vêm grandes responsabilidades".[158]

Outro aprendizado importante que eu carrego comigo é ter perdido dinheiro na Bolsa de Valores. E não foi pouco: foi uma perda de seis dígitos que doeu fundo no meu bolso. E eu não tenho vergonha de dizer isso à você, pois qualquer um que se arrisca na Bolsa sem ter uma boa noção de mercado sai perdendo. Não adianta, é preciso conhecimento e dedicação. E é por isso que tenho uma rotina – que trouxe da minha vida de militar – para dar conta de tudo o que faço. Moro em Florianópolis, viajo muito e tenho um escritório em Nova York. Ou seja, passo muito tempo no trânsito e viajando de avião, ótimos momentos para ver vídeos e ouvir podcasts e audiolivros, hábito transformador que incorporei na minha rotina.

Sempre li bastante. Mas, por muito tempo, me coloquei metas inatingíveis: queria ler um livro por semana. Friamente, não era para ser algo impossível, já que um livro com cerca de trezentas páginas demanda, em média, cinco horas de leitura. Na teoria, essa conta fecha. Na prática, nem sempre. Nunca atingi esse objetivo e acabava frustrado. Até que um dia, um amigo empreendedor de Florianópolis, Paulo Orione, aficionado por conhecimento e entusiasta da leitura, fez um comentário que mudou a minha percepção sobre a leitura. A sugestão dele foi algo que denominou de "*Always be reading*", ou seja, esteja sempre lendo. A ideia é dividir a leitura de quase uma hora diária em períodos de quinze a vinte minutos. Então, passei a ler de quinze a vinte minutos pela manhã, no almoço e antes de dormir. Separo pequenos momentos de leitura, nos quais desligo o celular e fico totalmente concentrado no texto. Leio o que dá, mas tento ler diariamente.

Resumindo, cada um precisa encontrar uma rotina que faça sentido para si. A tecnologia é um suporte, uma ferramenta, um recurso. Mas o protagonismo é seu. Busque conhecimentos diversos e não acredite em apenas uma fonte de informação. Dessa forma, você evitará erros primários, cuidará do seu dinheiro de forma segura e consistente e construirá uma carteira de investimento para alcançar seus sonhos.

COMO COMPRAR BITCOIN E OUTRAS QUESTÕES

Informe-se. Bitcoin é algo muito diferente do que estamos acostumados. É uma tecnologia nova, disruptiva e que ainda está em desenvolvimento. Por isso, antes de dar qualquer passo, estude e aprenda. Isso evitará eventuais problemas como o que eu tive em relação à gestão das chaves e palavras de recuperação.[159]

CADA UM PRECISA ENCONTRAR UMA ROTINA QUE FAÇA SENTIDO PARA SI. A TECNOLOGIA É UM SUPORTE, UMA FERRAMENTA, UM RECURSO. MAS O PROTAGONISMO É SEU.

Onde comprar Bitcoins? É possível comprar a criptomoeda por meio de corretoras (conhecidas como Exchanges) ou diretamente com outras pessoas. Como a negociação de criptomoedas é algo muito novo, comprar Bitcoins diretamente de alguém não é considerada uma transação simples nem 100% segura. Por enquanto, minha sugestão é que você compre de uma corretora de confiança. Para isso, faça uma pesquisa sobre a corretora na internet e verifique se há reclamações dela no Reclame Aqui, por exemplo. Mas preste atenção. Não deixe suas criptomoedas na corretora, pois essas empresas não são custodiantes nem são responsáveis caso venham a ser hackeadas.

A analogia que eu faço é a seguinte: pense que você foi em uma casa de câmbio em um shopping comprar 10 mil dólares. Logo após realizar a compra, você decide que quer jantar e solicita ao vendedor da casa de câmbio que armazene seus dólares enquanto janta. O vendedor orienta que ele não pode ser responsável por um valor que já foi vendido e que o risco seria seu, mas que poderia lhe fazer essa gentileza. Enquanto você janta, ocorre um assalto na casa de câmbio e todo o valor é roubado. Sabendo disso, você retorna e solicita seus dólares de volta, mas é informado pelo vendedor que ele não iria lhe reembolsar, pois havia avisado que não seria responsável pelo valor e a decisão de deixar a quantia ali foi inteiramente sua. O mesmo acontece com as corretoras de criptomoedas. Depois de adquirir seus Bitcoins, faça o saque para sua carteira e guarde-os em segurança na sua posse.

Usar uma Exchange. A compra de uma criptomoeda em uma corretora é muito similar à compra de um ativo. Já existem várias empresas oferecendo esse tipo de serviço de forma prática e segura. Você precisará fazer um cadastro e enviar os seus documentos que serão analisados pela equipe da corretora. Depois de ter seu cadastro aprovado, você fará uma transferência da sua conta bancária para a conta da corretora, enviará o comprovante da transferência e seu depósito será processado. Quando o valor for creditado em sua conta na corretora, você poderá, então, efetuar a compra.

Usar um vendedor P2P. Como falei anteriormente, esse método pode ser mais arriscado para quem está começando. Existem alguns locais que possuem diretórios de vendedores *peer-to-peer* (pessoa para pessoa), nos quais você pode pesquisar e escolher entre vários vendedores de Bitcoin. O local mais comum é um site chamado LocalBitcoins.com, que permite consultar vendedores ao redor do mundo, analisando as avaliações e as pontuações de feedback que eles têm. Lembre-se de que esses sites não são responsáveis caso você seja vítima de um golpe e, por isso, é essencial que você realize a sua própria pesquisa para saber mais sobre as qualificações de cada vendedor. Como já falei no início deste capítulo, *"don't trust, verify"*.

Usar um caixa eletrônico de Bitcoin. Hoje existem diversos caixas eletrônicos (como os que estamos habituados a sacar dinheiro) de Bitcoin espalhados pelo mundo. Se você procurar no Google por "Bitcoin ATM" ou "Coin ATM Radar", verá diversos sites com mapas interativos indicando o caixa eletrônico de Bitcoin mais próximo de você. Para realizar uma operação de compra ou venda, você deverá ter dinheiro em espécie ou Bitcoins em uma carteira e fará todo o processo diretamente na tela do caixa eletrônico.

Receber ou usar em pagamentos. Muitas empresas já estão aceitando Bitcoins como forma de pagamento e existe, também, a possibilidade de receber sua remuneração na criptomoeda. Para receber pagamentos com Bitcoin, você pode usar sua carteira. Mas já existem diversas startups desenvolvendo sistemas de maquininha de pagamento (POS) que aceitam receber pagamentos em criptomoedas. Inclusive, muitas permitem convertê-las instantaneamente para a sua moeda local, sem que o comerciante precise estar exposto à volatilidade de preços.

O preço do Bitcoin é volátil. O Bitcoin ainda é um ativo novo e pode apresentar grandes oscilações em um pequeno intervalo de tempo. Por enquanto, ele deve ser usado como um bem de alto risco. Ou seja, não recomendo que você deixe uma quantia grande nesta moeda, muito menos um valor que pode fazer falta em algum momento de emergência da sua vida. Ainda existe uma curva de adoção até que esses ativos passem a ganhar volume, liquidez, aderência e, dessa forma, ganhem maior estabilidade de preços.

Pagamentos com Bitcoin são irreversíveis. Uma informação importante: não é possível reverter uma negociação em Bitcoin, apenas ser reembolsado. Por isso, fazer o processo com segurança e verificando todas as etapas é essencial, pois é possível que você envie dinheiro para um endereço errado e perca a quantia para sempre.

Bitcoin é "semianônimo". O valor das transações feitas em Bitcoin são públicas, ou seja, qualquer um pode ter acesso aos saldos e às negociações de qualquer endereço na rede. Porém a identidade do usuário é privada.

Transações não confirmadas não são seguras. Quando você realiza uma transação, recebe a confirmação de que ela foi processada pelos participantes da rede. O ideal é esperar por mais de cinco confirmações antes de finalizá-la.

Bitcoin ainda está em fase experimental. Bitcoin ainda é uma tecnologia em fase experimental. Quanto maior for o número de usuários e empresas envolvidas, maior o seu amadurecimento.

Taxas e regulamentos dos governos. Os principais países do mundo ainda estão tentando entender os impactos e definir as formas como essa tecnologia será tratada do ponto de vista tributário e jurídico. Apesar de diversas jurisdições já possuírem avanços significativos em favor do uso e regulação desses ativos, ainda é um tema sensível, em constante transformação e que requer cuidados extras. Dito isso, é de sua responsabilidade consultar e respeitar as exigências tributárias, legais e regulatórias demandadas pelo seu governo ou pelas jurisdições onde você faz ou pretende fazer negócios.

Para Rodrigo Borges,* advogado e especialista em regulação sobre esse assunto, o debate sobre a regulação dos criptoativos no Brasil ainda é muito

---

* Rodrigo Borges, em entrevista concedida ao autor em 6 ago. 2019.

incipiente. Os projetos que estão sendo discutidos pelo Congresso Nacional ainda "precisam avançar muito para dar a tranquilidade que você e outros empresários precisam para investir nesse mercado. Que de fato é muito inseguro hoje, dada a ausência de regras claras", explica. "O ideal, quando a gente fala de regular mercados com novas tecnologias, não é regular a tecnologia em si, mas regular os *players* e o entorno da tecnologia. O que eu vejo com muito bons olhos é a gente buscar uma lei com mais princípio ou lógica, que não busca restringir ou taxar todos os pontos de uso, mas tenta criar alguns pilares de regras básicas deixando a tecnologia rodar solta."

ESCOLHA SUA CARTEIRA

O que é uma carteira ou *wallet*? A carteira pode ser um aplicativo de celular, um pedaço de papel, um programa no computador ou até um hardware, semelhante a um pen-drive. Basicamente, contém uma chave pública, que é o endereço para que outras pessoas transfiram criptomoedas para você (como se fosse agência e conta), e a chave privada, que é de fato a posse dos seus próprios ativos digitais.

A maior parte dos aplicativos de carteira para celular e desktop armazenam as chaves de forma criptografada no próprio dispositivo (seja seu celular ou computador). Por se tratar de ativos "ao portador", a maneira mais segura de armazenar esses ativos é em sua posse, jamais delegando essa gestão a terceiros ou corretoras. Lembre-se, essa tecnologia permite que você seja dono do seu dinheiro com liberdade. Não transfira essa responsabilidade a ninguém.

O jeito mais seguro para se armazenar criptomoedas são as carteiras off-line, que chamamos de *cold wallets*. Os exemplos mais comuns de *cold wallets* são carteiras em hardware (que são parecidos com um pen-drive, das marcas Trezor e Ledger, que você pode adquirir nos sites oficiais) ou carteiras em papel, que basicamente são as chaves pública e privada impressas em um papel. Não aconselho o uso desse tipo de carteira, pois há o risco de perder o papel, além da ausência de backup. As carteiras em hardware (ou *hardware wallets*) funcionam como um cofre e sua aparência física é semelhante a um pendrive, que deve ser conectado ao computador sempre que desejar movimentar seu saldo. Em uma carteira de hardware, suas chaves privadas ficarão armazenadas no dispositivo e são criptografadas em uma sequência geralmente de 24 palavras, que, em caso de perda, poderão ser usadas como backup para você recuperar o acesso aos seus ativos. Essas palavras precisam ser armazenadas com muita segurança, pois quem tiver acesso a elas terá acesso ao seu saldo.

As carteiras "quentes", chamadas de *hot wallets*, possuem acesso à internet pelo dispositivo onde estão instaladas e são mais práticas para quem quer movimentar e usar suas criptomoedas com mais frequência. Geralmente são aplicativos no celular ou programas no computador e são mais aconselháveis para a manutenção de saldos menores. Também possuem backup das chaves privadas, em uma sequência de geralmente doze palavras.

Dito isso, o ideal é que você compre seus Bitcoins e logo em seguida transfira-os para uma carteira de sua posse. Existe uma frase do Andreas Antonopoulos que gosto muito: "*Your keys, your Bitcoins; not your keys, not your Bitcoins*"[160]. A tradução seria algo como: "Suas chaves, seus Bitcoin; se as chaves não são suas, os Bitcoins não são seus".

Protegendo a sua carteira. Assim como na vida real, sua carteira precisa ser protegida. Por isso, acho importante que você entenda como criar um ambiente de maior segurança para os seus ativos. A seguir, fiz um guia sobre segurança para você colocar em prática.

TUDO O QUE VOCÊ PRECISA SABER SOBRE SEGURANÇA

Cada vez mais, a segurança digital torna-se importante. Têm sido muito comum casos de sequestro de servidores de empresas, em que todos os dados ficam indisponíveis até o pagamento de resgate. Para ajudá-lo a entender melhor sobre a segurança dos seus dados, montei alguns tópicos importantes sobre os quais devemos falar cujo propósito é instruir você sobre as ferramentas e os métodos simples para a sua proteção no dia a dia e também de suas criptomoedas. As informações irão abranger quatro blocos: 1) Rede e sistema; 2) Acesso e autenticação; 3) Proteção das chaves; 4) Segurança extra.

BITCOIN AINDA É UMA TECNOLOGIA EM FASE EXPERIMENTAL. QUANTO MAIOR FOR O NÚMERO DE USUÁRIOS E EMPRESAS ENVOLVIDAS, MAIOR O SEU AMADURECIMENTO.

1. REDE E SISTEMA

Sistemas Unix. São menos vulneráveis e sofrem menos ataques do que o Windows. Quando possível, dê preferência aos sistemas Unix, como Ubuntu (Linux) ou macOS (Apple).

Máquina Virtual (VM). É um software que você pode baixar no seu computador e que simula um computador virtual dentro da sua máquina, criando uma camada de maior segurança para você. É importante utilizar (abrindo o programa do software como você faz com qualquer outro disponível no seu computador) quando for acessar bancos, corretoras e dados sensíveis. Softwares que eu recomendo: VirtualBox e Parallels.

VPN. Use sempre uma VPN (Virtual Private Network), principalmente quando estiver em uma rede pública. Dessa forma, você terá privacidade enquanto navega, ocultará sua localização e manterá seus e-mails, chats, pesquisas e pagamentos protegidos contra ataques do tipo man-in-the-middle. Um ataque *man-in-the-middle* é um nome genérico para qualquer ataque virtual em que alguém fica entre você e o que você está fazendo. Por exemplo: se você estiver dentro do seu banco, o hacker fica entre você e o banco, podendo roubar seus dados bancários e, em seguida, fazer transações dentro da sua conta. Ao usar uma VPN, você irá criptografar seu tráfego de internet, tornando-o indecifrável para todos que possam estar espionando.

2. ACESSO E AUTENTICAÇÃO

É importante que você tenha uma segunda camada de segurança além da sua senha. A maioria dos aplicativos e das redes sociais já permite que você tenha uma segunda senha de segurança, que funciona como um token e gera um código aleatório e temporário.

O *two-factor authentication* (2FA) – ou autenticação de dois fatores – é a forma mais comum de realizar essa segunda camada de proteção. Na prática, mesmo que descubram a sua senha particular, dificilmente conseguirão acesso ao 2FA, pois um novo código é gerado a cada poucos segundos. O aplicativo mais comum para isso é o Google Authenticator, que funciona muito bem.

É importante destacar que, ao cadastrar a autenticação de dois fatores com o Google Authenticator, você estará armazenando as chaves de segurança no dispositivo, portanto deverá manter o código de backup em segurança. Caso venha a perder ou resetar o celular, perderá também as chaves armazenadas e poderá perder o acesso às plataformas em que utiliza o 2FA.

Outro ponto importante: jamais utilize a recuperação de senha por SMS. Têm se tornado cada vez mais comuns casos de engenharia social em que os invasores conseguem clonar o número de telefone para outro chip de celular e então têm acesso às contas com os dados de recuperação enviados por SMS.

E-mail criptografado. Além de usar e-mails seguros e criptografados, é importante utilizar diferentes contas de e-mail para cadastro em redes sociais, em bancos e corretoras de criptomoedas. Consolidar todos os acessos em uma única conta pode ser confortável, mas apresenta um sério risco caso essa conta seja invadida.

Procure usar, também, opções de e-mails criptografados como Protonmail, Tutanota, Thunderbird. A maior parte dos servidores de e-mail gratuitos e que são comumente utilizados não é criptografada e, muitas vezes, ainda permite que os servidores tenham acesso às suas informações para melhorar as preferências de anúncios. Sabe quando você manda um e-mail ou uma mensagem sobre um assunto específico e, logo em seguida, aparece um anúncio sobre aquele tema? Pois é.

Gerenciador de senhas. Com um número maior de contas, e-mails e senhas, você vai precisar de um gerenciador de senhas. Há dois muitos bons: Keeper e Lastpass. Ambos são muito seguros, mas são pagos. Eles irão ajudar você a organizar as senhas e os dados de login e, dessa maneira, será mais fácil para você memorizar somente uma única senha mestra segura, com mais de cinquenta caracteres, do que diversas senhas.

3. PROTEÇÃO DAS CHAVES PRIVADAS

Encriptação de dados. Mantenha os dados do seu computador encriptados, de modo que, se alguém tiver acesso físico ao seu computador, não conseguirá ter acesso ao conteúdo. Existem programas que fazem essa encriptação: se usar Windows, há o VeraCrypt. Se for Apple, o próprio sistema oferece essa possibilidade. E, se for Linux, existe o Luks.

Wallets. Lembre-se sempre: corretora não é agente custodiante e não é a sua carteira. Se algo acontecer ao seu investimento, eles não vão ressarcir você. Mantenha sempre a posse de suas criptomoedas e dê preferência para carteiras em hardware. Ainda que sejam um investimento um pouco mais elevado, compensam na segurança. Caso não seja possível, opte por versões mobile e somente em último caso por carteiras web ou em browser.

4. SEGURANÇA EXTRA

Há outras dicas que são importantes de ter em mente também:

+ **Marque sites que você acessa com frequência nos favoritos do navegador.**
+ **Retire as aplicações Flash Player automáticas.**
+ **Desabilite o JavaScript e permita que ele rode somente em sites específicos.**
+ **Seja cauteloso ao clicar em links on-line.**
+ **Não armazene criptomoedas em corretoras.**
+ **Não use impressoras em rede para impressão de informações importantes como senhas ou chaves privadas.**
+ **Use redes diferentes para os aparelhos da sua família e para os usados pelos visitantes dentro da sua casa.**
+ **O maior vírus está entre o teclado e a cadeira. Então, preste bastante atenção no que está fazendo para não ser uma presa fácil para ataques.**
+ **Por mais óbvio que possa parecer, não use senhas fáceis, como a data do seu aniversário, ou sequências manjadas, como 1234.**

Parece excessivo, mas eu acredito que toda cautela seja pouca quando lidamos com senhas, dinheiro e patrimônio. Com o tempo, você irá se acostumar e essas mudanças se tornarão hábitos comuns no seu dia a dia.

OS NEGÓCIOS BASEADOS EM PIRÂMIDES NO BRASIL E NO MUNDO[161] – ENTENDA COMO FUNCIONAM E FUJA DESSE TIPO DE GOLPE

Nos anos 1920, um estelionatário italiano radicado nos Estados Unidos garantia alta lucratividade em pouquíssimo tempo. Carlo Ponzi prometia retorno de 50% em noventa dias. Parece um negócio imperdível, não? O que as pessoas não sabiam, no entanto, era que estavam caindo em uma fraude que lesou 30 mil investidores, causando um prejuízo de 9,6 milhões de dólares (mais de 200 milhões de dólares em valores atuais).[162]

O esquema Ponzi, também conhecido como piramidal, funciona da seguinte maneira: os investidores novos fazem o aporte de uma quantia predeterminada com a promessa de lucros irreais e rápidos. Esse dinheiro, no entanto, não está rendendo nas mãos de um corretor nem de um investidor experiente; serve para pagar os investidores mais antigos da pirâmide. Ou seja, não é a operação que gera um lucro real, mas sim a entrada de novos participantes. Enquanto a base da pirâmide está crescendo, o esquema se mantém. No momento em que o ritmo de entrada de novos investidores ou da quantia de investimentos diminui, a pirâmide desmorona.[163]

Infelizmente, a prática da pirâmide financeira cresce no Brasil, principalmente com esquemas que envolvem moedas virtuais, ou criptomoedas, como o Bitcoin. Algumas empresas chegam a prometer ganhos de até 50% ao mês sobre o capital investido.[164]

Um dos golpes, por exemplo, ocorre com a técnica de arbitragem internacional das moedas. Ou seja, os estelionatários afirmam aos interessados que são capazes de multiplicar o investimento realizado com a prática de comprar moeda barata em um país e vender mais caro em outro. A tendência é que cada vez mais esse tipo de operação torne-se menos lucrativa, uma vez que opera em ineficiências de mercado e, com os custos operacionais e maior volume financeiro, em muitos os casos, acaba dando prejuízo.[165]

O golpista usa de um argumento técnico e aparentemente consistente para aumentar o poder de convencimento com a vítima. E isso não é tudo. A fraude é realizada de forma muito atraente. Primeiro, porque eles se disfarçam de empresas de investimento com discurso autoconfiante e não exigem altos aportes iniciais. Segundo, porque eles cumprem com o prometido nos primeiros meses após o contrato ser firmado, como uma forma de mostrar que as promessas estão sendo cumpridas e que eles são uma empresa séria. Terceiro, como o mercado de criptomoedas ainda não é regulamentado, há um espaço para má-fé e manipulação de informação maior, dificultando a proteção dos consumidores.

Então, qual é a "pegadinha" desse esquema? Há duas maneiras de os golpistas conquistarem novas vítimas: exigindo que os investidores tragam novos participantes ou oferecendo benefícios muito atraentes para aqueles que trazem novos investidores. Assim, a promessa de lucrar através de uma operação cambial é uma mentira. Enquanto a pirâmide existir, os novos investidores irão remunerar os antigos.

Fiz um passo a passo para ajudar você a conseguir identificar esse tipo de fraude, evitando cair em um desses golpes:

+ **Desconfie de promessas de retorno muito acima do que o mercado oferece. Lembre-se, não há milagres;**
+ **Desconfie quando a instituição ou a pessoa não explicar detalhadamente como alcançará a rentabilidade do investimento;**
+ **Pesquise para saber se a instituição é autorizada por algum órgão, como a Comissão de Valores Mobiliários (CVM), e no Reclame Aqui;**
+ **Uma das principais características do esquema é a recomendação para indicar novos membros;**
+ **Há um discurso muito tentador de que o produto oferecido é exclusivo e que é necessário comprá-lo rapidamente. Nesse momento, é importante ter sangue frio e ser analítico;**
+ **Preste atenção aos dados bancários: se for de uma pessoa física, há chances de ser fraude;**
+ **Pergunte exaustivamente sobre os riscos do investimento. Empresas sérias serão transparentes sobre os riscos envolvidos.**

EU ACREDITO QUE TODA CAUTELA SEJA POUCA QUANDO LIDAMOS COM SENHAS, DINHEIRO E PATRIMÔNIO.

LIVROS QUE ME FIZERAM ENTENDER MAIS SOBRE DINHEIRO, GERAÇÃO DE RIQUEZA E BITCOIN:

Para ajudá-lo a conhecer um pouco mais sobre o mundo financeiro e sobre o mindset do investidor, separei uma lista de livros que foram importantes para a minha formação. Com eles, me senti mais seguro para tomar decisões e construir meu patrimônio de forma consistente e constante.

1. ***O Homem mais rico da Babilônia*, de George S. Clason (HarperCollins, 2017)**

   Baseado em parábolas, o livro relata a história ficcional da antiga Babilônia, onde viviam os mais ricos homens dos tempos antigos.[166] Meus maiores aprendizados com esta obra foram buscar sabedoria antes da riqueza e pagar primeiro a si próprio, fazendo a analogia de economizar e investir antes de gastar.

2. ***Ensaios de Warren Buffett: lições para investidores e administradores*, de Warren E. Buffett e Lawrence A. Cunningham (Disal, 2005)**

   Um pouco mais complexo, este livro pode demandar um pouco mais de conhecimento para sua plena compreensão. Buffett diz que é o livro que melhor retrata seu pensamento. A obra compila trechos de cartas que Warren Buffett escreveu para os clientes da Berkshire Hathaway, sua empresa.

3. ***A bola de neve: Warren Buffett e o negócio da vida*, de Alice Schroeder (Sextante, 2008)**

   Esta é a biografia de Warren Buffett e proporciona uma boa visão sobre a vida e a história de um dos maiores investidores do mundo. É um livro grande, mas com uma leitura leve, que aborda e explica diversos conceitos técnicos. O maior aprendizado talvez seja com a própria história de Buffett, que, mesmo sendo um dos homens mais ricos do mundo, ainda leva uma vida de relativa simplicidade e sobriedade de hábitos e costumes.

**4. *Rápido e devagar: duas formas de pensar*,
de Daniel Kahneman (Objetiva, 2012)**

Ganhador do Nobel de Economia, o autor reuniu seus anos de pesquisa e estudos em um livro que, segundo ele, busca demonstrar nossas duas únicas formas de pensamento: imediatista e intuitiva (rápida) e a reflexão mais sofisticada (devagar). O maior aprendizado é conseguir compreender mecanismos e técnicas para tentar evitar armadilhas mentais de risco e exposição desnecessária. E aproveitar as oportunidades de confiar ou não em nossa intuição.

5. *A lógica do cisne negro* (Best-Seller, 2008); *Antifrágil: coisas que se beneficiam com o caos* (Best Business, 2013); e *Arriscando a própria pele: assimetrias ocultas no cotidiano* (Objetiva, 2018), de Nassim Nicholas Taleb

São três livros de uma série de cinco chamada "Incerto", escritos por um autor que se tornou ícone no mercado financeiro pela forma como aborda aleatoriedades, probabilidades e incertezas. Já falei um pouco sobre esses livros e sobre o autor, Nassim Nicholas Taleb, em outros capítulos. Para mim, esses conceitos fazem tanto sentido que eu já os aplicava ao longo da minha vida sem nem ao menos ter lido os livros.

Aprendi no Exército que precisamos estar preparados para tudo, mas isso não significa tentar adivinhar e prever eventos futuros, pois são inevitáveis. A ideia é aprender que o único controle que temos é sobre a nossa exposição a esse tipo de evento. Essa é a ideia central de Taleb quando ele fala do *Cisne negro*.

É importante manter a resiliência da antifragilidade durante crises, saindo mais robusto e resistente de situações de estresse, apto para resistir melhor aos impactos externos, se adaptar e crescer, como apresentado em *Antifrágil*.

E, por último, temos *Arriscando a própria pele*, que fala sobre dar a "cara à tapa", tendo a pele em jogo e com consistência entre minhas ações e argumentos. Esse conceito necessariamente nos obriga a passar no teste de sobrevivência do tempo, tal como é na natureza.

Acredito que essas leituras são mais do que ensinamentos sobre o mercado financeiro e podem, sim, servir de reflexão para a tomada de decisão na nossa vida de modo geral, até para que nossos hábitos sejam muito mais verdadeiros e coerentes com o que acreditamos de verdade.

6. ***Trend following: estratégias para ganhar milhões com mercados de alta ou de baixa**, de Michael W. Covel (Fundamento, 2015)*

Indicação do meu amigo Hulisses Dias (este e os próximos dois desta lista), o livro fala sobre uma das estratégias aparentemente mais óbvias quando se pensa em investimentos, mas que pouca gente de fato consegue executar.

A lógica é simples: siga a tendência e não tente adivinhar até onde ela pode ir, pois isso não é possível. Ninguém sabe até que ponto um mercado vai subir ou cair. Ninguém sabe quando se movimenta, não se pode desfazer o passado e não se pode prever o futuro dos preços. Seja em mercados de alta ou de baixa, é possível ganhar dinheiro seguindo a tendência, mas é importante entender que ela deixa de ser a sua amiga em momentos de reversão e, portanto, as perdas também serão parte do custo do negócio. Com isso, o ensinamento é que ninguém está certo o tempo todo e ninguém ganha dinheiro o tempo todo. O objetivo é entender os movimentos o mais rapidamente possível, minimizar os prejuízos e permitir que os lucros sigam conforme a tendência.

7. ***O investidor inteligente**, de Benjamin Graham (HarperCollins, 2016)*

Talvez esta seja uma das maiores bíblias sobre investimentos do mundo, e Benjamin Graham, o autor, um dos maiores investidores americanos dos anos 1950 e mentor de Warren Buffett. Neste livro, ele conta sua estratégia de investimentos baseada em valor, na qual procura selecionar ações que acredita estarem subvalorizadas pelo mercado. Escrito para investidores individuais, o livro percorre hábitos e atitudes fundamentais para construir, manter e gerir uma carteira de investimentos sólida e com uma proteção apropriada ao longo do tempo. Seus ensinamentos servem tanto para investidores defensivos, que não têm tempo para acompanhar o mercado, quanto para investidores empreendedores, que são aqueles que possuem tempo e disposição para acompanhar o mercado e, portanto, podem adotar uma postura mais agressiva.

Acredito que o maior ensinamento que tive lendo este livro foi de basear a escolha dos ativos na geração de valor das companhias, procurando empresas boas e com bons resultados, buscando sempre fundamentar cada decisão em fatos, dados e raciocínio lógico.

8. *Investindo em ações no longo prazo: o guia indispensável do investidor do mercado financeiro*, de Jeremy J. Siegel (Bookman, 2015)

Também indicado pelo Hulisses, este livro demonstra o impacto do longo prazo em uma carteira de investimento em ações. Com diversos exemplos práticos, revisões de eventos históricos e movimentos do mercado americano, o autor passa a mensagem de que os investidores precisam manter o foco e que, embora as variações dos rendimentos possam ser grandes no curto prazo, elas são basicamente eliminadas no longo prazo. Esse pensamento encontra fundamentos, inclusive, durante as piores crises americanas, que apesar de fazerem um grande estrago no curto prazo, são suavizadas pelos resultados de longo prazo.

9. *Pai rico, pai pobre*, de Robert T. Kiyosaki (Alta Books, 2017)

Este é um dos livros que mais me marcou como pessoa e guiou o início da minha trajetória. Demonstra a importância de entendermos conceitos básicos como receita e despesa e ajuda a diferenciar ativos geradores de renda daqueles que acabam gerando despesas. Para o autor, ativo é tudo aquilo que põe dinheiro no seu bolso, e passivo é tudo o que tira dinheiro do seu bolso.

Na minha vida, também tive um "pai rico" e um "pai pobre", então acabei me identificando muito com a história contada pelo Kiyosaki.

No meu caso, meu pai biológico, apesar de ter tido sucesso em sua vida profissional, nunca teve uma mentalidade muito boa sobre dinheiro e gestão financeira e passou a vida vendendo seu tempo em troca de dinheiro, algo que o autor chamou de "corrida dos ratos". Como o tempo é o nosso recurso mais escasso, chega o momento do limite e pessoas com essa mentalidade, ainda que aumentem suas rendas, ficam sempre no círculo vicioso de aumentar renda e aumentar despesas, sem conseguir sair dessa corrida.

Já meu pai rico, que na verdade é meu tio e padrinho, um homem bem-sucedido nos negócios assim como no livro, me ensinou a ser dono do meu dinheiro, transpondo essa barreira ao comprar tempo através de meus investimentos.

10. *Mastering Bitcoin* [Dominando o Bitcoin] (O'Reilly, 2014) e *The Internet of Money* [A internet do dinheiro] (Merkle Bloom LLC, 2016), de Andreas Antonopoulos

Os livros do Andreas, bem como seu canal no YouTube, me ajudaram muito a entender os conceitos por trás do Bitcoin, da blockchain e de toda essa revolução que estamos vivendo.

Mastering Bitcoin foi o primeiro livro que li em inglês e o primeiro que li sobre Bitcoin, em 2016. A leitura é bastante densa e recheada de conceitos técnicos, marcados pela presença de muitas linhas de código que podem até mesmo assustar quem não é desenvolvedor.

No livro, os conceitos de criptografia, de chaves públicas e privadas, além do mecanismo de consenso do Bitcoin, são mostrados detalhadamente. Por se tratar de uma rede de código aberto, é possível não apenas ler e entender os códigos, mas executá-los em seu próprio computador ao longo da leitura.

O livro *A internet do dinheiro*, reúne e desenvolve o conteúdo apresentado em uma série de palestras de Andreas e fala sobre algumas ideias inspiradoras sobre o futuro do Bitcoin e sobre seu impacto antropológico. Além de reflexões profundas acerca de cibercultura, internet e inovação.

Com uma abordagem talvez até filosófica, traz um entendimento geral sobre o cenário e sobre a natureza dessa inovação, mas dessa vez para um público leigo, sendo uma excelente leitura introdutória para quem está começando a entender esses conceitos.

11. *The Bitcoin Standard* [O padrão Bitcoin] (Wiley, 2018), de Saifedean Ammous

Diferentemente de *Mastering Bitcoin*, o livro não aborda conceitos técnicos nem tecnológicos e trata o Bitcoin como uma moeda, comparando os impactos monetários de sua criação com outros sistemas monetários que existiram ao longo da história.

Apesar do nome, o livro não é apenas sobre Bitcoin, mas também sobre a história monetária de vários povos, com opiniões fortes do autor sobre as mudanças no sistema financeiro, sobre a deterioração na qualidade das moedas oficiais e como a invenção de Satoshi Nakamoto pode ser o motor para uma nova forma de dinheiro, impactando toda a economia de uma maneira mais sólida e livre de interferências de governos e burocratas.

O hábito da leitura e da curiosidade pelo conhecimento é fundamental para criar o mindset do investidor. E a atitude de ser questionador e buscar respostas nos livros e em pessoas que são referências em suas áreas é fundamental para termos o controle não só do nosso dinheiro, mas da nossa vida.

10

CONSISTÊNCIA E DISCIPLINA CONSTROEM A LIBERDADE

odo o esforço para se organizar financeiramente, entender o mercado financeiro, proteger o patrimônio e gerar riqueza tem um objetivo muito claro: a sua independência financeira, uma meta que todos nós deveríamos levar a sério. Essa ideia é muito individual: depende do estilo de vida de cada um e dos projetos pessoais. Pode ser a chance de viajar, comprar um imóvel ou ter dinheiro suficiente para não precisar trabalhar mais e poder se dedicar a uma atividade mais prazerosa.[167] Independentemente de projeto ou meta, o conceito está ligado à nossa liberdade de viver a vida como sonhamos.

Sempre pensei muito no meu futuro e decidi, aos 14 anos, lendo *Pai rico, pai pobre*, que conquistaria minha independência financeira aos 28. Naquele momento, calculei quanto eu precisaria para poder custear minha vida a partir dos meus investimentos. Acabei atingindo aquele primeiro objetivo alguns anos antes do prazo predeterminado e, ao longo do tempo, venho mudando o perfil dos meus investimentos, conforme tenho mais clareza sobre meus novos objetivos profissionais e pessoais. Ou seja, calculei quanto eu precisaria ter investido para viver de renda a partir dessa idade e consegui atingir meu objetivo antes. Sabe a vida que você sempre quis ter? É possível ser alcançada com empenho, consistência e um planejamento financeiro que faça sentido para você. Só assim você deixará de ser refém do dinheiro e conseguirá inverter o jogo: ser dono dele.

IDENTIFIQUE A MELHOR SOLUÇÃO: PLANEJAMENTO

Um bom planejamento financeiro é essencial para iniciar esse novo momento da sua vida. Você precisa entender a sua realidade e criar objetivos claros para o futuro. Sem esse tipo de visão, fica muito difícil realizar sonhos, poupar para a aposentadoria ou concretizar qualquer outra meta que você tenha em mente. E, de novo, eu não vou passar a mão na sua cabeça. Não tem "mimimi" nem chororô, e não existe profeta ou guru, somente você enquanto protagonista da sua vida, se organizando e entendendo como priorizar seus gastos e definir seus sonhos. Garanto a você que um bom plano financeiro pode mudar a sua vida e a da sua família.

Acho que a chave para todo esse processo está na disciplina para rever e modificar hábitos e ser consistente no nosso percurso. A vida tem altos e baixos. Inevitavelmente vamos errar, tropeçar, cair e fazer alguma besteira. NÃO TEM PROBLEMA. De verdade. Faz parte da jornada e do aprendizado. Acontece com todo mundo. É por isso que insisto nesta palavra que, para mim, é mágica: disciplina.

Em momentos nos quais algo dá errado, respire e tente voltar para o planejado o quanto antes. Não será fácil no começo. Mas, a partir do momento que você conseguir identificar o que está dando certo e descartar o que não funciona, se sentirá mais confortável e exitoso. Lembre-se, sempre, de que o planejamento financeiro é um processo contínuo, que precisa ser incorporado à sua rotina, e que muda ao longo do percurso, assim como você mudará também.

PRIMEIRO PASSO: DIAGNÓSTICO

O primeiro passo é saber exatamente quais são os seus gastos em valores e em categorias. Nós já vimos que é possível identificar essas informações usando o aplicativo Guiabolso ou a Olivia. Mas nada impede que você faça uma planilha manualmente.

Durante três meses, anote todas as suas despesas para descobrir qual é o seu real padrão de vida. Anote tudo: contas, compras, cafezinhos, tudo. É importante identificar os investimentos e as dívidas também. O objetivo é elaborar um diagnóstico realista.

SEGUNDO PASSO: ELIMINAR DÍVIDAS

Feito o diagnóstico, o próximo passo é detectar as dívidas, encarar o desafio e zerá-las o quanto antes. Em muitos casos, a melhor saída pode ser renegociá-las para conseguir melhores taxas de juros, ou fazer a portabilidade da dívida para uma instituição com melhores condições para você. Para isso, faça contas, peça ajuda e converse com o gerente do seu banco. Pesquise plataformas de empréstimos on-line, cujas taxas são menores, como já vimos no capítulo 8.

TERCEIRO PASSO: O SEGREDO ESTÁ NO APORTE MENSAL

Um dos grandes segredos da geração de riqueza é o aporte mensal: fixar um valor do salário para poupar mensalmente. Uma forma de ajudar nessa mudança de hábito é incluir as aplicações financeiras no orçamento como uma despesa. Entenda que investir é tão importante quanto pagar a conta de água, luz ou condomínio.[168]

Sugiro que você guarde 20% das receitas mensais. Assim que o dinheiro entrar, pague todas as suas contas e aloque o aporte mensal em algum investimento. Caso 20% seja muito para começar, não desanime. Comece com menos e, aos poucos, aumente essa proporção até atingir um quinto do salário total.

Para você se animar e começar a poupar agora, vejamos o exemplo de uma pessoa que reservou 100 reais por mês entre janeiro de 2017 e junho de 2019, totalizando trinta meses. Ela decidiu investir esse valor mensalmente em um fundo imobiliário, totalizando 3 mil reais investidos e também reinvestiu os dividendos. No final dos trinta meses, ela teria um patrimônio total de aproximadamente 4.450 reais, uma valorização de 48% sobre o capital investido.*

QUARTO PASSO: CONSTRUINDO UM FUNDO DE EMERGÊNCIA

É fundamental termos um fundo de emergência. A vida é imprevisível, e é nossa responsabilidade estarmos prontos para enfrentar os desafios que aparecem sem aviso. Por isso, tenha como meta poupar o equivalente a seis meses de salário. Dessa forma, você conseguirá respirar mais aliviado caso perca o emprego ou precise resolver uma questão de saúde urgente. Portanto, a partir do momento que você começar a poupar — seja os 20% do salário ou outro percentual possível —, o primeiro objetivo é formar a reserva de emergência.

---

* Considerando uma janela de investimento de 5 jan. 2017 a 30 jun. 2019 no fundo imobiliário CSHG PRIME OFFICES FDO INV IMOB — FII (HGPO11), com aportes mensais de 100 reais.

QUINTO PASSO: DEFINIÇÃO DE METAS E SONHOS

A partir do momento em que você começar a poupar, é necessário começar a investir. Como vimos, deixar o dinheiro parado ou na poupança não é a melhor decisão. É importante entender quais são seus objetivos e projetos financeiros. O que é importante para você? Quais são seus sonhos? Reflita e coloque as respostas no papel, até como uma espécie de contrato que você estabelece consigo mesmo. Crie uma lista de metas para três momentos da sua vida:

+ **Curto prazo (um a três anos):** ter um fundo de emergência é o foco principal e o primeiro passo. Especialistas dizem que o ideal é ter entre seis e doze meses de renda guardada, sempre pensando que seis meses é o mínimo mesmo. Nesse caso, a escolha dos ativos deve levar em consideração a liquidez. Ou seja, é importante saber que, caso seja necessário, você poderá sacar sem ter prejuízo. Papéis do Tesouro Selic (LFTs), Certificados de Depósito Bancário (CDBs) com prazos mais curtos são indicados para esse momento.[169]

+ **Médio prazo (três a cinco anos):** pode ser um sonho de viajar com a família, casar ou dar entrada em um imóvel. Enquanto poupa pensando nesses objetivos de médio prazo, vale a pena estudar aplicações com retorno maior e menos liquidez. O que cabe nessa cesta? Títulos públicos prefixados e atrelados à inflação, Letras de Crédito Imobiliário e do Agronegócio (LCIs e LCAs), que possuem isenção do Imposto de Renda, e CDBs. Se aguentar as oscilações do mercado de ações, já é possível diversificar com os fundos multimercados.

+ **Longo prazo (a partir de sete anos):** pensar na aposentadoria é fundamental, mas os planos de previdência privada, apesar de populares, nem sempre são as melhores opções. Os investidores que escolherem esse tipo de aplicação devem se atentar às taxas de administração e de carregamento, que podem tornar os planos pouco atraentes ou até mesmo inviáveis. Pensando no futuro, você pode aplicar em fundos imobiliários e no mercado de ações.[170]

Dica extra: considere a possibilidade de fazer bicos ou gerar uma renda extra em momentos de dívida (para acelerar a quitação do endividamento) ou em algum caso específico, como realizar um sonho de uma viagem ou de comprar algum bem mais caro. É cansativo, mas é algo para ser cogitado, ainda mais nos dias de hoje, em que há aplicativos conectando pessoas com pessoas e tornando possível esse tipo de ação. Já citei a moObie, mas também é possível pensar em alugar um quarto da sua casa no Airbnb ou hospedar um cachorro pelo DogHero.

INVESTIMENTOS QUE PAGAM RENDIMENTOS PERIÓDICOS[171]

Vale entender melhor os investimentos que pagam rendimentos periódicos. Com eles, o retorno do dinheiro aplicado fica mais palpável. Psicologicamente falando, você ficará mais fortalecido ao perceber que o dinheiro está retornando e que vale a pena o esforço de poupar e a dedicação em investir. Quando receber o rendimento dos investimentos citados abaixo, nada de ir às compras, ok? A regra é devolver para a sua carteira de investimentos.[172]

1. **Investimentos que pagam rendimentos mensais:** fundos de investimentos imobiliários; Investimentos de renda fixa que pagam juros semestrais: Tesouro prefixado com juros semestrais (a antiga NTN-F) e Tesouro IPCA+ com juros semestrais (a antiga NTN-B). Há algumas debêntures que fazem pagamentos de juros a cada seis meses. Há alguns tipos de CDBs, Certificados de Recebíveis Imobiliários (CRI) e Certificados de Recebíveis do Agronegócio (CRA) que também pagam juros semestrais.

2. **Investimentos que pagam dividendos:** os mais comuns são as ações que pagam um rendimento trimestral. Para saber quais empresas fazem esse tipo de pagamento, vale a pena consultar o Índice de Dividendos (IDIV) da Bolsa de Valores. O interessante é que esses valores são isentos de Imposto de Renda.

3. **Investimentos que pagam juros sobre capital próprio:** são as ações. Mas, ao contrário dos dividendos, esses valores estão sujeitos ao Imposto de Renda.

Você pode estar se perguntando: "Qual é, então, o melhor investimento para mim?". A resposta é: depende. Depende do seu perfil e dos seus objetivos. Uma sugestão é a seguinte:

EM MOMENTOS NOS QUAIS ALGO DÁ ERRADO, RESPIRE E TENTE VOLTAR PARA O PLANEJADO O QUANTO ANTES. O PLANEJAMENTO FINANCEIRO É UM PROCESSO CONTÍNUO.

+ **Renda fixa:** para perfis mais conservadores, que optam por estabilidade (Tesouro Direto, CDBs, planos de previdência privada com essa característica mais conservadora).

+ **Renda variável:** para aqueles que aguentam maiores oscilações (ações, fundos imobiliários, criptomoedas).

O IMPACTO DA DIVERSIFICAÇÃO DO PORTFÓLIO COM CRIPTOMOEDAS

Em 12 de dezembro de 1980, uma empresa desconhecida decidiu abrir seu capital. No prospecto que a companhia soltou para o mercado com o intuito de se apresentar e conquistar seus novos sócios na Bolsa de Valores dos Estados Unidos, havia as seguintes informações: "É uma companhia nova que ainda não estabeleceu uma longa história de operações para basear opiniões precisas sobre perspectivas, projeções financeiras ou eficiências operacionais". Mais adiante, dizia, ainda: "O time corporativo é jovem e relativamente inexperiente no negócio de eletrônicos para consumidores em alta escala".[173] Minha pergunta é: você arriscaria comprar ações dessa empresa?

Alguns compraram porque leram o relatório inteiro e entenderam que havia algo que poderia ser inédito e impactante. Outros compraram porque tinham menor aversão a riscos e decidiram se jogar. O fato é que quem, naquela data, comprou as ações do grupo sediado em Cupertino, coração do Vale do Silício, se tornou sócio de uma das marcas mais valiosas e inovadoras desde o século passado: a Apple. No dia de estreia no mercado de ações, os papéis valorizaram 107%, pulando de 14 para 29 dólares. A Oferta Pública Inicial (IPO) da Apple criou cerca de trezentos milionários.[174]

E se você estivesse diante de um evento como esse? A internet do dinheiro, cujas regras são diferentes e cuja infraestrutura dá suporte para uma moeda livre e distribuída circular no mundo todo sem precisar de uma instituição central, pode se mostrar uma excelente oportunidade, assim como foi a de quem, nos anos 1980, acreditou no potencial futuro da Apple. Lógico que são coisas completamente diferentes. Estou comparando uma companhia com milhares de funcionários que é a Apple com uma *commodity* digital que é o Bitcoin, o que aparentemente não faz sentido. Mas, na minha opinião, o impacto que a Apple teve na indústria de microcomputadores pessoais é o mesmo que o Bitcoin e sua tecnologia trarão no futuro para o sistema financeiro.

Como já falei em capítulos anteriores, essa criptomoeda extrapola a questão da valorização, pois tem potencial para se tornar a nossa próxima reserva de valor. No contexto em que vivemos – com níveis globais de endividamento insustentáveis e com o aumento das guerras comerciais e de juros no mundo, o Bitcoin surge como uma opção muito interessante, com potencial para fazer a diferença na sua carteira de investimento.

Por ser um ativo novo e criado em um ambiente completamente diferente, o Bitcoin não está atrelado a outras moedas nem tem correlação com os indicadores tradicionais da economia, como as altas e baixas do dólar, quedas do Ibovespa ou variações da Bolsa americana. Portanto, em momentos de crise ou de eventos atípicos, é provável que os valores da sua criptomoeda se mantenham estáveis. Ou, quem sabe, podem até valorizar, já que os investidores podem "apostar" em outro tipo de aplicação.[175]

Sei que muitas pessoas têm receio de investir nas criptomoedas. Há fundamento: em dezembro de 2017, o Bitcoin chegou a ser negociado a quase 20 mil dólares, depois de uma valorização de mais de 21 vezes naquele ano.[176] Um ano depois, em dezembro de 2018, a mesma unidade era negociada por pouco mais de 3.200 dólares, representando uma queda de mais de 83%.[177]

O fato é que, desde a sua criação, o Bitcoin tem se consolidado como a principal criptomoeda internacional, e grandes instituições e importantes investidores já estão criando oportunidades nesse setor ao redor do mundo. A ICE, empresa controladora da Bolsa de Valores de Nova York (NYSE), já possui uma corretora para negociação de criptomoedas,[178] contratos futuros e derivativos de Bitcoin, que são instrumentos que permitem aos investidores montarem estruturas para proteção de exposição.[179] O mercado de derivativo é tão consolidado e importante no mundo que chegou a valer 640 trilhões de dólares[180] no primeiro semestre de 2019, o equivalente a sete vezes o PIB mundial.[181] A Fidelity Investments, uma das maiores empresas de investimentos do mundo, com mais de 7 trilhões de dólares sob custódia, também já está investindo nesse mercado, oferecendo a possibilidade de diversificação nessa nova classe de ativos para seus clientes.[182]

Com a chegada de Wall Street nesse novo mercado, não faz mais sentido acreditar que se trata de algo passageiro e ignorar o impacto real dessas inovações. Portanto, quando pensamos em diversificação da sua carteira de investimentos, minha opinião é de que todo investidor deveria ter uma pequena alocação nessa classe de ativos. Você decide o quanto irá se expor, isso de fato não me importa. Se você for conservador, talvez 1% a 2% seja o suficiente. Se for arrojado, talvez queira expor 5% ou mais do seu portfólio. O importante é que você, primeiramente, entenda o que está fazendo. A partir de então, faça da maneira que for deixar você mais confortável, respeitando sempre seu gerenciamento de risco. Só não faz sentido ficar de fora de tudo isso, certo?

MANUTENÇÃO DO CRESCIMENTO

No livro *Pai rico, pai pobre*, há alguns ensinamentos fundamentais que carrego comigo até hoje. São eles: saber lidar com o dinheiro e fazê-lo render; entender que podemos formar patrimônio para produzir renda por meio de aluguéis, dividendos etc.; saber como funciona o mercado e como fazer aplicações inteligentes de longo prazo para a construção da sua riqueza; e, por último, ter conhecimentos básicos de contabilidade para não cair em armadilhas. Depois de incorporar esses hábitos, é necessário cuidar do que foi construído. É exatamente assim que funcionam os investimentos: você precisa criar uma rotina de manutenção da sua carteira de aplicações para mantê-la saudável.

Investimentos – que podem durar cinco, dez ou vinte anos – não podem ser confundidos com paralisia ou passividade. Nada de se esquecer deles ou delegá-los aos gestores dos bancos ou das corretoras. Não terceirize a responsabilidade do seu patrimônio e da sua riqueza para outros. Em geral, uma reavaliação semestral ou, no mínimo, anual, costuma ser suficiente. Caso você tenha mais de 20% aplicado em renda variável, uma avaliação trimestral é interessante, pois são ativos com maior potencial de risco.[183]

Além disso, o mercado muda com o tempo, assim como você, sua família e seus objetivos de vida.[184] Sempre que algo importante e significativo ocorrer na sua vida, como a chegada de um filho, a decisão de comprar um imóvel ou algum problema grave de saúde que demande dinheiro, separe um tempo para reavaliar sua carteira de investimentos a fim de saber se essa composição continua fazendo sentido para você.[185]

O cenário político e os ciclos econômicos podem passar por crises ou cisnes negros. Por isso, ficar perto de suas aplicações – principalmente daquelas de maior risco – é primordial, principalmente em um mundo globalizado, no qual os ativos precisam resistir a turbulências nacionais e internacionais.[186] Lembra-se dos ativos antifrágeis?

Ficar de olho nos investimentos é indispensável para realizar ajustes nos momentos certos. Como investidores, devemos evitar impulsos que nos levam a mudar o plano no meio do caminho, em momentos de maior tensão.[187] Para você conseguir focar o longo prazo e não se distrair no meio do caminho, tenho três dicas que aprendi com o investidor Tiago Reis:

+ Tenha em mente que as notícias e oscilações puramente mercadológicas fazem muito pouca diferença em seus investimentos em uma visão mais ampla. Esse tipo de investimento pode trazer muito dinheiro, pois está baseado no conceito dos juros compostos que agem a seu favor.[188]

+ Tenha paciência. Uma dica para desenvolver paciência e resiliência ao longo do tempo é investir em ativos geradores de renda, como ações, que geram dividendos, ou fundos imobiliários, que geram renda todos os meses.[189] E, voltando ao Hulisses Dias: antes de qualquer movimento desesperado e impulsivo, lembre-se de que são necessários ao menos sete anos para visualizar a rentabilidade real das suas aplicações.

+ Aprenda a lidar com a volatilidade. A volatilidade das ações é algo com que você se acostuma, tanto através de prática quanto de conhecimento. Como costumamos dizer, investir em ações é nadar em alto-mar. Então, o caminho inicial é investir via fundos imobiliários, que possuem uma fração da volatilidade das ações. Depois de alguns anos, você vai se acostumando e se expõe mais ao risco.[190]

Como vimos nos capítulos anteriores, a revolução financeira atingirá a todos nós, considerando que o sistema financeiro faz parte do nosso dia a dia. Cabe a você ser o protagonista da sua vida financeira com dedicação, planejamento, organização, disciplina e consistência nas suas aplicações.

UM BREVE RESUMO

Há muitas informações importantes neste capítulo. Por isso, fiz um resumo para ajudar você a focar e auxiliar na sua rotina:

+ Dedique-se a um planejamento financeiro consistente e detalhado. Sem preguiça!

+ Faça um diagnóstico anotando todos os seus gastos durante três meses para identificar seu padrão de consumo.

+ Crie um orçamento e estabeleça tetos de gastos por categoria.

+ Elimine as dívidas que você possui, renegociando-as por dívidas mais baratas.

+ Não crie dívidas novas ou dívidas caras.

+ Consuma de forma consciente. Compare preços. Ao comprar, sempre peça descontos à vista.

+ Considere vender objetos velhos ou guardados da sua casa.

+ Cuidado com o cartão de crédito. Se você não consegue controlá-lo, faça uma experiência: viva alguns meses fazendo compras à vista (dinheiro ou cartão de débito). Essa pode ser uma forma interessante de colocar as contas em dia e entender melhor suas limitações de consumo.

+ Faça aportes mensais de, no mínimo, 20% do seu salário como se fossem parte dos seus gastos obrigatórios.

+ Crie uma reserva de emergência de seis meses a um ano.

+ Crie objetivos financeiros de curto, médio e longo prazos. Anote-os e revisite-os anualmente.

+ Estude sobre aplicações e investimentos para fazer seu dinheiro trabalhar por você.

+ Considere fazer algum bico extra.

+ A melhor equação é: gastar menos, ganhar mais, investir melhor.

+ Cuide da sua riqueza e do seu patrimônio e crie uma rotina de manutenção da carteira de investimentos.

+ Não terceirize a responsabilidade pela gestão da sua vida financeira.

É EXATAMENTE ASSIM QUE FUNCIONAM OS INVESTIMENTOS: VOCÊ PRECISA CRIAR UMA ROTINA DE MANUTENÇÃO DA SUA CARTEIRA DE APLICAÇÕES PARA MANTÊ-LA SAUDÁVEL.

QUEM CHEGA PRIMEIRO BEBE ÁGUA LIMPA

Você já ouviu aquele ditado que diz que quem chega primeiro bebe água limpa? Algumas pessoas parecem sentir o cheiro de novidade no ar e começam a usar produtos e serviços antes de todo mundo – às vezes, ainda na versão beta das inovações. São aqueles amigos que escutam uma banda antes de ela estourar nas rádios – ops, no Spotify –, que frequentam um restaurante antes de ele ficar famoso ou que começaram a andar de Uber quando ainda ninguém sabia o que era. Eles são, geralmente, o grupo que dita tendências e que influencia outras pessoas naturalmente, sem esforço algum.

Há dois tipos de pessoas que são muito interessadas por inovação e que adoram estar por dentro de determinado lançamento antes que atinja a massa. São chamadas de *inovators* (inovadores) e *early adopters* (adotantes iniciais). Na verdade, todos nós somos inovadores ou adotantes iniciais para alguma coisa, pois cada um tem muito interesse, vocação ou encantamento por algum tema específico. Eu, por exemplo, fui inovador dentro do mercado de criptomoedas. Independentemente do assunto, o certo é que há muitas vantagens em estar antenado e se aventurar a testar produtos e serviços novos.

Para o sucesso da inovação, é vital para as empresas encontrarem inovadores e adotantes iniciais que queiram experimentar o produto ou serviço no estágio beta ou logo após seu lançamento, considerando que essas pessoas estão dispostas a usar e até a pagar por ideias que ainda precisam ser aprimoradas. Esses consumidores gostam tanto de chegar na frente que não se importam em utilizar produtos ainda "verdes". Pelo contrário, curtem ajudar a empresa a melhorar a solução que ainda não está madura e a torná-la robusta.

Teve gente que topou pagar pelo WhatsApp, por exemplo; ou que concordou em experimentar o carro elétrico da Tesla mesmo que o veículo demore horas para ser "abastecido" em um carregador elétrico. Dá para imaginar algo mais arcaico do que isso? Mas acontecia. No início de qualquer ideia original, há barreiras naturais que vão sendo quebradas até que a tecnologia seja amigável e acessível e, dessa forma, esteja pronta para o uso em massa. Para você entender melhor essa divisão, veja as características de cada perfil.[191]

+ **Inovadores:** representam 2,5% da população[192] e amam inovação. Sempre chegam primeiro nas novidades, mesmo que sejam tecnologias complexas e ainda em desenvolvimento.

+ **Adotantes iniciais** representam 13,5%[193] e são pessoas cuja opinião interfere na visão dos outros (chamamos de formadores de opinião). Eles gostam de tecnologia e são os responsáveis por disseminar a novidade para o próximo grupo, da maioria inicial.

+ **A maioria inicial** representa 34% das pessoas[194] e é o grupo daqueles que chegam na inovação quando ela já foi testada. Eles precisam da opinião dos adotantes iniciais para decidir testar ou não determinada novidade.

+ **A maioria tardia** representa 34% das pessoas[195] e é o grupo daqueles que não gostam tanto de novidades e que preferem cautela.

+ **Os retardatários** são os últimos 16%,[196] composto por pessoas com um perfil conservador, avessas a mudanças e presas ao passado.

Os inovadores e os adotantes iniciais são tão importantes para o desenvolvimento e êxito de um produto, que eu vou compartilhar aqui dois *cases* nos quais esses grupos foram determinantes para a disseminação das inovações.

Os fundadores do Tinder, aplicativo de encontros românticos, optaram por difundir a ideia do aplicativo abordando esses grupos de inovadores e adotantes iniciais dentro das fraternidades e dos grêmios estudantis das universidades norte-americanas, em 2012. A ideia do Tinder foi vendida como a possibilidade de encontros românticos de universidade para universidade. A construção dessa rede foi tão bem-sucedida, que os estudantes se tornaram semeadores do aplicativo para além dos muros das instituições.[197] O restante da história nós conhecemos: o aplicativo de relacionamentos está disponível em quase duzentos países e possui mais de 50 milhões de usuários no mundo.[198]

Com o Gmail, ferramenta de e-mail do Google, aconteceu algo parecido. O Google decidiu montar uma lista de pessoas com perfis inovadores e adotantes iniciais para ajudar a disseminar a ferramenta para as outras categorias de público. O primeiro passo foi oferecer a ideia para essa lista selecionada e, em um segundo momento, essas pessoas da lista espalhariam um convite individual para outras.[199] Imagine você recebendo um convite especial daquele seu amigo superdescolado? Não importa o conteúdo do e-mail, garanto que você vai olhar com muita atenção. Essa foi a sacada do Google. Uma ideia que já tinha sido explorada pelo Orkut logo no comecinho do site: só tinha acesso à página quem recebesse o convite de um amigo.

O processo de seleção das pessoas, aliado à ideia de exclusividade gerada pelos convites personalizados e limitados, transformou o Gmail em um símbolo de status a ser perseguido entre a comunidade de tecnologia. A estratégia foi tão bem-sucedida que os convites que foram oferecidos pelo Google de forma gratuita passaram a ser comercializados por 150 dólares em lojas virtuais, como o eBay.[200]

O Gmail foi lançado em 2004 e a versão final do produto ficou pronta somente cinco anos depois. Hoje, o produto lançado pelo Google é um sucesso mundial em mais de 72 línguas, com 1,2 bilhão de usuários ativos em 2018, representando 20% do mercado global de e-mails.[201]

Você pode me perguntar, então: "Ok, Rudá, mas qual é a relação de tudo isso com o Bitcoin e a blockchain?". Pois é. Neste momento, essas duas tecnologias estão no começo do seu desenvolvimento. Elas ainda são difíceis de usar e de entender, e ainda há inseguranças por causa do seu grau de complexidade e disrupção. Por enquanto, ambas têm sido usadas por inovadores e adotantes iniciais. Mas há enormes vantagens de se chegar cedo nesse tipo de inovação, não é mesmo?

O MOMENTO DE MERCADO DO BITCOIN E DA BLOCKCHAIN NA CURVA DE ADOÇÃO

O grau de usabilidade de uma determinada inovação está atrelado a certas características que, aos poucos, vão sendo superadas até que possam ser absorvidas pela massa — ou, como vimos nas categorias acima, pelas pessoas que se encontram na maioria inicial, na maioria tardia e entre os retardatários. Para que a tecnologia seja disseminada com sucesso, as empresas precisam encontrar soluções para as dores dos consumidores.[202] É importante pensar nas seguintes características de um produto ou serviço: as pessoas precisam sentir a vantagem de usar determinada tecnologia em prol de outra (Uber vs. chamar um táxi pelo telefone); ter compatibilidade com um local ou perfil de consumidor (o Waze só funciona em países com alto índice de conectividade); e a utilização também depende de sua complexidade, ou seja, de ser facilmente entendido ou não pelas pessoas etc.

Todas essas características podem ser resumidas em um bordão usado e almejado incansavelmente no Vale do Silício: *better, faster and cheaper*. Ou seja: as soluções e produtos que são lançados precisam ser melhores, mais rápidos e mais baratos do que os que já existem. A ideia, para o empreendedor Marcos Boschetti,* é tirar as "tecnologias do Olimpo dos bancos de investimento e democratizá-las, trazendo-as para todo mundo".

Como se fala muito sobre blockchain e Bitcoin nos meios de comunicação, há uma sensação de que essas tecnologias estão muito próximas da nossa realidade. Porém, a maioria das iniciativas em relação a essas duas inovações ainda está em estágio inicial. Por enquanto, ainda estamos nas fases em que os inovadores e os adotantes iniciais topam experimentar, testar, dar feedbacks e participar dos ajustes.

Pensando de forma mais aprofundada, estamos perto de uma fase em que os marqueteiros chamam de *chasm*, ou abismo. Ou seja, há uma distância grande que precisa ser percorrida entre os inovadores e adotantes iniciais em relação ao resto da população.[203] Startups e fintechs terão que se engajar e testar apps, softwares e plataformas amigáveis que tornem essas tecnologias viáveis para que a grande maioria perca o medo e se sinta segura para consumir.[204]

Isso tudo quer dizer que você, enquanto consumidor, pode se beneficiar e muito dessa disrupção que está ocorrendo globalmente, principalmente agora, já que poucas pessoas estão dispostas a participar de um mercado ainda em teste. Dá para nadar sem muita concorrência neste momento. Como? Mesmo que seja para entrar com 1% ou 2% do seu patrimônio ou começar com uma quantia pequena, de 500 reais, por exemplo. Vale muito a pena ter

---

* Marcos Boschetti, em entrevista concedida ao autor em 12 ago. 2019.

criptomoedas na sua carteira de investimento. Assim como investir em fundos de investimento de risco (chamados de *venture capital*) ou ser investidor anjo em startups, podendo, até, participar dessas operações por meio de pequenos aportes (falo mais sobre essas possibilidades logo em seguida). Minha questão é: não faz sentido ficar de fora.

O momento é ótimo, pois o ecossistema das startups tem evoluído muito no Brasil nos últimos anos. Já surgiram os primeiros unicórnios (empresas avaliadas em mais de 1 bilhão de dólares) brasileiros. Já são nove até o fechamento deste livro.[205] No mundo, há 452 unicórnios, cujo valor de mercado atinge 1,6 trilhões de dólares.[206]

Ao mesmo tempo em que tem havido IPOs de várias empresas da área de tecnologia, como PagSeguro, Stone, Banco Inter, entre outras.[207] Ou seja, há a chance de você se tornar sócio dessas empresas através do mercado de ações.

Há três tipos de investimentos que você pode fazer para se tornar sócio de startups: 1) fundos de investimento especializados em startups, também conhecidos como *venture capital* (você pode acompanhar esse tipo de investimento pela associação Anjos do Brasil); 2) fundos de *private equity* responsáveis pelas operações de fusão e venda em grandes empresas; 3) empresas chamadas *equity crowdfunding*, que são fintechs que abrem rodadas de investimento em startups criteriosamente selecionadas e nas quais pessoas físicas podem investir, na mesma lógica do financiamento coletivo. Algumas delas já são foram regulamentadas pela Comissão de Valores Mobiliários (CVM), inclusive, como Kria, Eqseed e CapTable.[208]

As pessoas que toparam participar do começo da história dessas empresas se deram muito bem. Na linha do tempo da página 178, você pode ver a valorização dessas companhias do período em que realizaram as suas Ofertas Públicas Iniciais até o mês de setembro de 2019. Junto delas coloquei, a título de comparação, o Bitcoin, considerando o valor que a criptomoeda tinha no dia da IPO do Facebook, em maio de 2012. É lógico também que, olhando agora, tudo parece mais bonito e que a história não é exatamente escrita em um caminho de rosas e bosques floridos. Ser "engenheiro de obras prontas" é uma posição de análise confortável, na qual não quero me colocar. Meu ponto aqui é mostrar que podemos olhar para o passado e perceber que essas empresas, que mudaram o

VOCÊ PODE SE BENEFICIAR DESSA DISRUPÇÃO GLOBAL, PRINCIPALMENTE AGORA, JÁ QUE POUCAS PESSOAS ESTÃO DISPOSTAS A PARTICIPAR DE UM MERCADO AINDA EM TESTE.

rumo da tecnologia e da sociedade, também entregaram resultados expressivos para aqueles que acreditaram nelas no começo. Dito isso, acredito que é mais arriscado ficar de fora desses momentos do que participar.

1960	1980		1997	2004		2012
IBM	**Apple**	**Microsoft**	**Amazon**	**Google**	**Facebook**	**Bitcoin**
+2.011%	**+44.700%**	**+126.000%**	**+112.000%**	**+1.800%**	**+573%**	**+163.000%**

Valorização das companhias do período em que realizaram as suas Ofertas Públicas Iniciais (exceto pela IBM, cuja análise parte da década de 1960 e não do IPO) até o mês de setembro de 2019.

CONTRATOS INTELIGENTES

Os contratos inteligentes (também conhecidos como contratos digitais ou *smart contracts*) também farão parte do nosso vocabulário em breve, assim como Bitcoin e blockchain. Acho que os contratos inteligentes ainda estão um passo atrás na curva de adoção das pessoas, porque sua usabilidade ainda está sendo testada e entendida. No entanto, não tenho dúvidas de que irão transformar as indústrias de modo geral. "Os *smart contracts* ainda não estão totalmente resolvidos, mas eles adiantam bastante coisa no sentido de dinheiro digital, no sentido de ativos. É uma solução que pode ser muito interessante e se tornar uma oportunidade para você fazer um trabalho global", explica Thomas Teixeira,* especialista em criptomoedas.

Lembra-se de que expliquei que a blockchain permite a representação digital de qualquer arquivo físico como um arquivo original, já que não há cópia dentro da rede e ela é incorruptível? Essas representações são os tokens. É possível tokenizar qualquer coisa: uma carteira de habilitação, um contrato de compra e venda de um imóvel, seus exames médicos ou este livro.

A partir do momento em que você transforma um documento em um token, torna-se possível aplicar regras a esse documento, transformando-o em um contrato inteligente. Na prática, contratos inteligentes são aplicações dentro de uma blockchain, que utilizam códigos de computador programados para executar uma determinada ação quando uma determinada regra

---

* Thomas Teixeira, em entrevista concedida ao autor em 29 ago. 2019.

definida for cumprida. Pense em um código autoexecutável caso um conjunto determinado de regras seja cumprido. Ou seja, uma vez programado, o contrato será executado se as regras forem seguidas.

Esses contratos podem ser criados diretamente entre as partes, dentro da blockchain. Como estamos no começo da curva de adoção, ainda é necessário, neste momento, ter um programador para "escrever" esse contrato na rede. Mas acredito que, no futuro, teremos aplicativos que tornarão tudo isso simples e fácil de ser usado por qualquer um de nós, programadores ou não.

Calma. Eu sei, é muito abstrato! Mas vou mostrar como eles estarão presentes na nossa vida de forma muito rotineira e, talvez, em pouco tempo. Veja essa situação: você acaba de alugar um carro e faz o pagamento do valor acordado por meio de uma criptomoeda ou de um token dentro de uma blockchain. O contrato inteligente retém esse valor na rede. Quando terminar a locação, você devolverá o carro e, neste momento, o valor será liberado para a locadora. Tudo isso acontece de forma digital e automática, porque é possível estipular prazo de entrega, multa por atraso e até condicionar o pagamento por distância percorrida, em vez de cobrar por diárias. Todo esse processo ocorre dentro da blockchain.

Um contrato inteligente pode ser um aluguel, uma troca de serviços, uma transação financeira ou a compra de um produto físico, basicamente qualquer transação entre duas partes. A grande diferença é que os contratos inteligentes executam as regras sem a necessidade de um intermediador.

Ofereço agora outro exemplo que terá um impacto importante para agilizar e desburocratizar processos, principalmente no Brasil. Imagine como é a importação de itens de consumo, que pode demorar dias ou semanas. O processo acaba sendo extremamente caro e oneroso, uma vez que inclui diversos intermediários. Sem contar com o fato de que a mercadoria parada acaba representando um custo para o importador, já que o objetivo é colocar os produtos à venda o mais rápido possível.

Desde 2017 já existem experiências positivas em importação e exportação entre a Europa e a América Latina usando a blockchain. A operação, que demorava normalmente entre sete e dez dias, foi realizada em duas horas e meia. Isso, mesmo: duas horas e meia.[209]

O registro de todos os documentos dessa transação específica em uma blockchain pode reduzir todo esse processo a uma questão de horas, sendo que ele será totalmente público e auditável, evitando subornos e corrupção. Pensando no impacto disso no cenário brasileiro, a Receita Federal poderia ter acesso à mesma blockchain para auditar os documentos e automaticamente efetuar a cobrança de impostos, restando somente a inspeção de carga, que já é o processo mais rápido e que pode, ainda, ser automatizado por meio da utilização de scanners e aparelhos de raio X.

Esse tipo de transação impactará inúmeros setores. Veja só:

Saúde: imagine armazenar de maneira sigilosa e segura todos os seus registros médicos desde o nascimento. A relação entre médico e paciente é uma das mais sensíveis, não apenas pela questão do sigilo, mas também pelas informações de exames e receitas. Através de contratos inteligentes será possível transmitir esse tipo de informação de forma rápida e sigilosa a qualquer médico, em qualquer lugar do mundo.

Seguradoras: hoje, a cobrança de seguros ainda é baseada em um perfil médio de usuários, mas já existem algumas startups aplicando modelos de seguros que autenticam informações e cobram dos usuários conforme cada particularidade. Um exemplo é cobrar os seguros de automóveis por distância percorrida e não por valor anual, baseado em perfil de risco. Com contratos inteligentes, o número de ocorrências de fraudes e disputas jurídicas poderá diminuir ou até mesmo zerar, reduzindo custos e o valor das apólices, além de oferecer maior transparência na cobrança.

Finanças: Há alguns anos existe o conceito de Decentralized Finance (DeFi) – ou Finanças Descentralizadas –, que começou a tomar forma em 2019 com algumas iniciativas. A possibilidade de se criar um ecossistema financeiro descentralizado baseado em contratos inteligentes é inusitada, mas vêm amadurecendo. Um exemplo interessante é o da moeda Dai, do projeto Maker DAO. Trata-se de uma *stable coin* (moeda estável) em dólar americano que, através de derivativos, mecanismos de empréstimo e controle de taxas de juros, pretende manter um ativo totalmente descentralizado, usando mecanismos de mercado para dar lastro e garantir que o valor seja atrelado ao dólar.

Para João Paulo Oliveira,* "a criação desses instrumentos financeiros transparentes, à prova de manipulação e de controle, passam por blockchain, mas não necessariamente acabam com o Bitcoin".

Esse ecossistema abre novas possibilidades para transformar o acesso dos desbancarizados a produtos financeiros, pois torna possível a criação de instrumentos financeiros simples, como contrato de empréstimos, ou complexos, como emissão de derivativos em produtos totalmente descentralizados.

Governos: talvez o principal impacto dessa tecnologia se dê no âmbito governamental. Contratos inteligentes podem ser aplicados na fiscalização de eleições, servindo, por exemplo, como autenticador de votos, eliminando ainda a burocracia para criação de empresas ou para a emissão de algum tipo de licença. Também tornaria 100% transparente e auditável a aplicação de recursos e gastos públicos, facilitando o trabalho no combate à corrupção e promovendo uma melhor destinação dos recursos.

Identificação: aqui encontramos o futuro da identificação pessoal, ou seja, todas as informações básicas (RG, CPF, CNH, passaporte etc.) estarão reunidas em uma única identificação pessoal, favorecendo o livre trânsito entre nações que façam uso da mesma tecnologia. Além disso, o contrato inteligente poderá representar o fim das falsificações de identidade e documentos, já que os registros se tornariam imutáveis e facilmente auditáveis. A startup brasileira Original-My já possui uma aplicação da blockchain-ID na qual você pode fazer autenticação em plataformas, acessar sites, eventos, portarias de estabelecimentos comerciais, condomínios e casas noturnas e fazer check-in sem a necessidade de apresentar documentos ou fazer cadastros e login com usuário e senha.

Negócios: transparência e imutabilidade de registro aliadas à automação dos contratos inteligentes podem representar economia de tempo e dinheiro nos processos existentes em diversos negócios.

---

* João Paulo Oliveira, entrevista concedida ao autor em 24 out. 2019.

Imobiliário: qualquer contrato imobiliário pode ser beneficiado com o uso de contratos inteligentes. Desde a automação de assinaturas e registros até a possibilidade de cadastros unificados de imóveis, fato hoje segmentado em diversos cartórios de registros espalhados pelo país. Na prática, será possível, por exemplo, comprar ou alugar um imóvel em qualquer lugar do mundo negociando diretamente com a contraparte, sem a necessidade de intermediários ou burocracias.

É MUITO CARO NÃO ESTAR EXPOSTO A ESSAS NOVAS TECNOLOGIAS

Não faz sentido resistir à inovação. Quando o Napster apareceu, ilegalmente, no final da década de 1990, foi um furor. A plataforma de compartilhamento de música causou uma transformação profunda na indústria fonográfica como um todo, provocando uma mudança radical no hábito de consumo de música. Depois do Napster, o consumidor entendeu que não precisava de um disco ou um CD para ouvir uma banda ou um cantor, bastava ele ter a faixa que gostava no seu computador.[210] A consequência dessa revolução todos nós conhecemos: LPs, CDs e toca-discos viraram artigos de colecionador. Hoje, pagamos pela música como serviço: ao assinar plataformas como Spotify e Deezer, temos acesso a milhões de músicas do mundo todo. Mas não foi fácil chegar neste momento atual. A indústria fonográfica resistiu, muitas empresas quebraram e a disputa foi grande.[211]

O Napster tinha cerca de 50 milhões de usuários, estava no auge do seu sucesso, quando o grupo Metallica decidiu entrar na justiça para tirar o site do ar. A briga entre Napster e a banda, que começou em 2000, é considerada o pontapé inicial da derrocada da indústria fonográfica. A vitória foi, inicialmente, do lado da indústria – os servidores do Napster foram fechados em 2001. Se indústria fonográfica e inovadores tivessem se juntado, talvez a história fosse outra e a indústria não teria sofrido tanto com a disrupção imposta pelas empresas de tecnologia, principalmente a Apple, com a criação do iTunes, anos depois.[212]

Histórias como a do Napster não faltam. Em 2004, a rede de locadoras de filmes e jogos Blockbuster estava no topo, com mais de 9 mil lojas no mundo todo e avaliada em bilhões de dólares.[213] Quando a Netflix começou, "os caras da Blockbuster literalmente riram da nossa cara", lembra Mitch Lowe, um dos sócios-fundadores da empresa criada em 1997.[214] Mas, hoje em dia, todos sabem quem riu por último... A Blockbuster norte-americana entrou com o pedido de falência em 2010 e, em 2014, anunciou o fechamento das suas últimas trezentas lojas próprias nos EUA. A rede se tornou um exemplo de como a falta de sensibilidade para as transformações digitais pode custar a própria existência.[215]

Sei que perceber a disrupção no momento em que ela está surgindo é difícil. Claro que a Blockbuster, assim como a indústria fonográfica, faria diferente se pudesse voltar atrás no tempo. Porém já existem histórias suficientes para que os empresários e os indivíduos percebam que é dessa forma que o mundo gira atualmente: as inovações vêm de todos os lugares e não é possível ignorar nem resistir a ideias que parecem absurdas em um primeiro momento, mas se provam disruptivas.

A tecnologia empoderou as pessoas de tal modo que é possível criar ferramentas inovadoras de dentro do dormitório da faculdade. Foi assim com o Napster. Conhece mais alguma história parecida? Talvez um tal de Facebook?

É importante entender – principalmente as empresas e os empreendedores – que quando uma nova tecnologia chega no segmento de atuação de um setor, não há outra saída a não ser mergulhar na inovação e se adaptar. Os vencedores serão sempre os que conseguirem identificar a transformação e o valor dela antes dos outros.[216] É por isso que o sistema financeiro tradicional está se movimentando tão rápido e está tão preocupado com o Bitcoin e a blockchain. Eles sabem que essas duas tecnologias são o que o Napster foi para a indústria fonográfica.

Resumidamente, uma empresa não pode mais fechar os olhos e fingir que não é com ela. Na verdade, não há indústria nem empresa, por mais valiosa que seja, que pode se dar ao luxo de não participar da revolução tecnológica e financeira que estamos vivendo neste momento. O caso da Blockbuster é emblemático por esse motivo.

Isso é tão significativo que o avanço da tecnologia está matando empresas velhas mais cedo e mais rápido do que algumas décadas atrás. A idade média de vida de uma empresa listada na S&P 500 (um índice de referência chamado Standard & Poor's 500 composto por quinhentos ativos cotados nas Bolsas de Nova York e Nasdaq) era de 60 anos na década de 1950.

Em 2017, tinha caído para uma média de 20 anos, e estima-se que atualmente a média de idade já esteja em 12 anos.[217] A disrupção não é algo novo, mas a velocidade e a complexidade com que esses componentes têm movido as peças no tabuleiro é alucinante.[218] Não é à toa que há muitos empresários importantes no mundo perdendo o sono com esse novo cenário.

ESTAMOS VENCENDO A ÚLTIMA FRONTEIRA DA GLOBALIZAÇÃO: O DINHEIRO

Até empresas relativamente novas já perceberam que é essencial repensar o próprio negócio para não ficar de fora do jogo. Tem melhor exemplo do que a criação da criptomoeda Libra, pelo consórcio de 28 empresas liderado pelo Facebook? Além da carteira do Facebook Pay, o grupo comanda um consórcio que conta com a participação de diversas empresas, gigantes de tecnologia, pagamentos, entre outros de diversas indústrias mundiais. A moeda passará a circular nas redes sociais em 2020 e tem poder para abalar a economia global. Para tornar a utilização desse recurso amigável e fácil, o consórcio lançará uma carteira digital chamada Calibra, que estará disponível no Messenger, no WhatsApp e também como aplicativo autônomo. Além dessas plataformas, a Libra circulará em gigantes dos meios de pagamento.[219]

Pense comigo: a partir de 2020, 2,4 bilhões de pessoas terão acesso a uma moeda privada que não oscila com o mercado de ações e que tem suas próprias regras, pois é uma criptomoeda cujo protocolo foi criado dentro de uma blockchain. O potencial dessa ideia é tamanho que o banco J.P. Morgan acredita que a Calibra será a carteira digital mais usada do mundo após seu lançamento. Alguém duvida dessa previsão? Acredito que a Libra e a Calibra serão a primeira experiência de moeda privada com adoção global e se espalhará tal qual pólvora por todos os países, algo que já tem deixado os governantes preocupados.[220]

Para Courtnay Guimarães, uma das maiores referências em blockchain e Bitcoin, a disrupção dos criptoativos é exatamente essa: o fato de ser "globalmente transportável e globalmente utilizável", explica. "Nenhum governo conseguiu digerir isso ainda. Todos os governos, todos os centros de poder são baseados em você ter ativos, reservas de valor, moedas geografcamente restritas."

A criptomoeda será gerenciada por uma associação independente de mesmo nome e lastreada em uma cesta de ativos. A missão, segundo seus criadores, é de "viabilizar uma moeda e uma infraestrutura financeira simples e global que empodere bilhões de pessoas." Diferentemente do Bitcoin, a Libra já nasce com uma sensação de segurança maior, pois está fundada não só em uma cesta de ativos (incluindo títulos emitidos por governos) que minimizam sua volatilidade e lhe conferem estabilidade, mas também abre as discussões sobre privacidade de dados dos usuários.[221]

O objetivo do consórcio Libra é criar um serviço digital e on-line que seja fácil, tendo como inspiração a ideia de que circular dinheiro pelo mundo deveria ser algo tão simples e corriqueiro como enviar uma mensagem de texto. Com a blockchain, isso será possível.

BEM-VINDO AO MUNDO SEM FRONTEIRAS

A revolução financeira pela qual estamos passando ainda está no começo. Quase todos os exemplos e *cases* que citei relacionados a bancos digitais, Bitcoin, blockchain e fintechs não têm mais de dez anos. Mas isso não deve surpreender você, certo? Vivemos na era da disrupção da disrupção. Ou seja, é preciso ficar atento, pois as mudanças são aceleradas e exponenciais.

Já sentimos na pele o que essas transformações significam. É só nos lembrarmos da disrupção que a internet comercial causou em nossas vidas desde o seu advento, na década de 1990. Hoje é até comum ouvirmos pessoas falando: "Eu sou da época em que a internet ainda não existia". Ou seja, é realmente um divisor de águas na vida das pessoas e do mundo dos negócios.

A internet conectou pessoas em rede. Mas essa conexão extrapolou a World Wide Web e passou a influenciar no estilo de vida das pessoas e também na economia. Hoje, entendemos que um caminho possível – e que eu acredito ser o ideal – é a economia compartilhada. Ou seja, eu não preciso ter uma casa de praia, pois posso alugar uma via aplicativo; nem de um patinete, pois posso locar um por algumas horas. Esse conceito de economia circular é o oposto do consumismo exacerbado que temos vivido nos últimos anos. Mas ainda faltava uma fronteira para ser atingida e aprofundar essa mudança: a disrupção do dinheiro.[222]

Para mim, estamos exatamente na última fronteira, no início de uma transformação com potência de tsunami. Você pode se posicionar de duas maneiras perante esse movimento: no grupo que vai participar, aprender e ganhar dinheiro ou no grupo que vai ficar olhando a onda se formar e engolir você. Apresentei aqui vários caminhos possíveis para que você escolha participar ativamente, com pés no chão e consistência.

E há um agente motivador interessante e que você pode levar sempre em consideração. A revolução financeira provocada por fintechs e por todas essas tecnologias é irreversível e tornará o mundo um lugar muito diferente em poucos anos. Ao longo do livro, falamos sobre soluções inovadoras, ideias criativas e novas formas de lidar com dinheiro. Em todas elas, há um fio que conduz essas inovações: você. Isso mesmo. A revolução financeira tem como objetivo solucionar dores de pessoas como você e como eu, dores que nunca foram levadas em consideração pelo sistema financeiro tradicional. Por isso, a hora é agora. Não dá para ficar de fora de algo tão disruptivo.

Neste novo contexto, no qual estamos repensando hábitos de consumo e estilos de vida, cabe a nós sermos protagonistas das nossas vidas e do nosso dinheiro. Ao mesmo tempo em que teremos mais autonomia, nossa responsabilidade em relação a essa liberdade aumentará. Quando se trata de Bitcoins e sistemas distribuídos, onde o controle fica na mão dos indivíduos, é importante deixar claro que, caso algo dê errado, não há central de atendimento, nem um espaço para reclamar ou solicitar ajuda para resolver problemas. Precisamos tomar as rédeas das nossas vidas com estudo e dedicação. Este é, sem dúvida, o melhor momento para conhecer e adotar as tecnologias que protegerão a sua riqueza e garantirão a sua liberdade e a autonomia de ser dono do seu dinheiro de fato, de usá-lo quando e como quiser, sempre almejando a conquista da sua liberdade financeira.

Eu reflito muito sobre o impacto de todas essas inovações financeiras na vida das pessoas, pois nenhum de nós terá escolha. Pode parecer radical, mas é verdade. Pense comigo: as maiores empresas de tecnologia do mundo, que possuem bilhões de usuários e às vezes são maiores do que países em população ou em PIB, estão criando suas próprias moedas e abrindo espaço para aumentar a inclusão das pessoas no sistema financeiro. Tudo isso dentro dos aplicativos dessas mesmas empresas, sejam eles de redes sociais, de serviços de beleza ou de entrega de comida.

Já pensou pagar uma conta ou fazer uma transferência direto do WhatsApp, com um simples toque dos dedos? Agora imagine o impacto que isso traz para o sistema tradicional, o quão desafiador será para os bancos, para as instituições financeiras tradicionais e para os governos. Como eles manterão o controle sobre o dinheiro, a inflação e o preço das coisas nesse novo cenário? Teremos de criar soluções para problemas que ainda nem conseguimos imaginar.

Tudo isso pode parecer uma previsão exagerada de futurologia e não é essa a minha intenção, mas eu não estou sozinho nesse tipo de projeção. Tenho conversado com muitos especialistas do mercado financeiro, das áreas de tecnologia, economia e investimentos e todos afirmam algo parecido: a nossa relação com o dinheiro será muito diferente no futuro. Provavelmente, em alguns anos, você terá um aplicativo no seu celular que servirá como uma carteira digital na qual guardará todos os seus diferentes tipos de dinheiro ou ativos digitais: moedas oficiais, Bitcoins, talvez a própria Libra do Facebook ou de algum concorrente e ações ou frações de ações de empresas em tokens e, quando for fazer alguma compra, você escolherá com qual desses ativos será mais vantajoso pagar. Já pensou em pagar por um iPhone novo usando frações de ações da Apple? E, indo mais além, você terá poderes e recursos para ser seu próprio banco, negociando empréstimos, financiamentos e pagamentos diretamente com pessoas desconhecidas e de outras partes do mundo através de plataformas distribuídas.

Na verdade, o que entendo como caminho natural é que o dinheiro deixará de ser propriedade dos Bancos Centrais e monopólio de governos e participará do jogo do livre mercado, assim como acontece com outros produtos e empresas. Então, o dinheiro ganhará novos formatos, diferentes emissores e espécies e circulará livremente pela internet de uma forma tão simples quanto é, atualmente, enviar um texto para uma pessoa do outro lado do planeta. É nisso que eu acredito.

Pode ser assustador e causar medo. É normal, pois estamos diante de algo muito diferente e desconhecido. Ao mesmo tempo, fico muito feliz em poder viver para ver essas mudanças em tempo real e em ver o poder do dinheiro ser devolvido para as mãos dos seus reais donos, dando-nos a chance de construirmos um futuro mais livre, onde as pessoas poderão conquistar a sua independência financeira com muito mais consistência e com um leque de opções muito maior. Depois da internet, a última milha a ser globalizada era a do dinheiro e estamos, agora, experimentando um mundo sem fronteiras.

Lembre-se: é muito caro não se expor e não olhar para isso! E aí, você ainda pensa em ficar de fora?

EU ACREDITO QUE O DINHEIRO GANHARÁ NOVOS FORMATOS, DIFERENTES EMISSORES E ESPÉCIES E CIRCULARÁ LIVREMENTE PELA INTERNET DE FORMA TÃO SIMPLES QUANTO ENVIAR UM TEXTO PARA UMA PESSOA DO OUTRO LADO DO PLANETA.

NOTAS

INTRODUÇÃO

1 KIYOSAKI, Robert; LECHTER, Sharon L. *Pai rico, pai pobre*. Rio de Janeiro: Elsevier, 2000.

2 ANTONOPOULOS, Andreas M. *The Internet of Money*. Seattle: Merkle Bloom LLC, 2016.

CAPÍTULO 1 O MEDO DE INVESTIR

3 Associação Brasileira das Entidades dos Mercados Financeiro e de Capitais. *Raio X do investidor brasileiro*. ANBIMA. Rio de Janeiro, n. 2, pp.7; 9; 26, 2019. Disponível em: https://www.anbima.com.br/data/files/25/50/2D/8C/0BBB96109FF4F696A9A 80AC2/RaioX_investidor_2019.pdf. Acesso em: 2 set. 2019.

4 EBC – AGÊNCIA BRASIL. *Expectativa de vida do brasileiro cresce e mortalidade infantil cai*. Disponível em: http://agenciabrasil.ebc.com.br/geral/noticia/ 2018-11/expectativa-de-vida-do-brasileiro-cresce-e-mortalidade-infantil-cai. Acesso em: 7 set. 2019.

5 Associação Brasileira das Entidades dos Mercados Financeiro e de Capitais. *Raio X do investidor brasileiro*. ANBIMA. Rio de Janeiro, n. 2, p. 59, 2019. Disponível em: https://www.anbima.com.br/data/files/25/50/2D/8C/0BBB96109FF4F696A9A80 AC2/RaioX_investidor_2019.pdf. Acesso em: 1 set. 2019.

6 Associação Brasileira das Entidades dos Mercados Financeiro e de Capitais. *Raio X do investidor brasileiro*. ANBIMA, Rio de Janeiro, n. 2, p. 56, 2019. Disponível em: https://www.anbima.com.br/data/files/25/50/2D/8C/0BBB96109FF4F696A9A80AC2/ RaioX_investidor_2019.pdf. Acesso em: 2 set. 2019.

7 ÉPOCA NEGÓCIOS. *Só 8% dos brasileiros conseguiram poupar para investir no ano passado*. Disponível em: https://epocanegocios.globo.com/Economia/ noticia/2019/04/epoca-negocios-so-8-dos-brasileiros-conseguiram-poupar- para-investir-no-ano-passado.html. Acesso em: 2 set. 2019.

8 O GLOBO. *Plano Collor confiscou a poupança, e Brasil mergulhou na hiperinflação*. Disponível em: https://acervo.oglobo.globo.com/fatos-historicos/plano-collor- confiscou-poupanca-brasil-mergulhou-na-hiperinflacao-15610534. Acesso em: 23 out. 2019.

9 FGC – FUNDO GARANTIDOR DE CRÉDITOS. *Quem somos*. Disponível em: https:// www.fgc.org.br/sobre-o-fgc/quem-somos. Acesso em: 2 set. 2019.

10 EXAME. *Bolsa atinge a marca de 1,5 milhão de investidores*. Disponível em: https:// exame.abril.com.br/mercados/bolsa-brasileira-atinge-a-marca-de-15-milhao-de- investidores/. Acesso em: 25 nov. 2019.

UOL ECONOMIA. *Para chegar 1 milhão de investidores, Bolsa fez campanha até na praia*. Disponível em: https://economia.uol.com.br/cotacoes/noticias/redacao/

2019/05/09/bolsa-alcanca-1-milhao-de-investidores-pessoas-fisicas.htm. Acesso em: 25 nov. 2019.

11 INFOMONEY. *Abrimos mais 200 vagas para pessoas que desejam uma renda de R$ 20 mil por mês*. Disponível em: https://lp.infomoney.com.br/sl-nb-mba-infomoney-ibmec-0119-1. Acesso em: 22 set. 2019.

12 Idem nota 10.

13 G1. *Quebra do banco Lehman Brothers completa 10 anos; relembre a crise de 2008*. Disponível em: https://g1.globo.com/economia/noticia/2018/09/15/quebra-do-banco-lehman-brothers-completa-10-anos-relembre-a-crise-de-2008.ghtml. Acesso em: 23 out. 2019.

CAPÍTULO 2 NÃO NOS ENSINAM A INVESTIR

14 UOL. *Cerca de 62,6 milhões de brasileiros fecharam 2018 com o nome sujo, diz SPC*. Disponível em: https://economia.uol.com.br/noticias/redacao/2019/01/15/dividas-em-atraso-calote-spc-brasil-2018.htm. Acesso em: 5 set. 2019.

15 INFOMONEY. *Brasil tem 45 milhões de desbancarizados, diz pesquisa*. Disponível em: https://www.infomoney.com.br/minhas-financas/brasil-tem-45-milhoes-de-desbancarizados-diz-pesquisa/. Acesso em: 5 set. 2019.
TERRA. *Só 8% dos brasileiros conseguiram guardar dinheiro em 2018*. Disponível em: https://www.terra.com.br/economia/so-8-dos-brasileiros-conseguiram-guardar-algum-dinheiro-em-2018,fbcb6d6a1fa67ded68f6a8d7bbd11484fzoturqs.html. Acesso em: 5 set. 2019.

16 ESTADÃO. *Novas pirâmides prometem lucro de até 50% com investimentos em bitcoin*. Disponível em: https://www.estadao.com.br/infograficos/economia,novas-piramides-prometem-lucro-de-ate-50-com-investimentos-em-bitcoin,1002597. Acesso em: 10 set. 2019.

17 BUSINESS INSIDER. *The history of how Uber went from the most feared startup in the world to its massive IPO*. Disponível em: https://www.businessinsider.com/ubers-history#june-2010-ubercab-launches-in-san-francisco-at-the-time-it-cost-about-15-times-as-much-as-a-cab-but-ordering-a-car-was-as-simple-as-sending-a-text-or-pressing-a-button-it-quickly-became-a-hit-among-bay-area-techies-5. Acesso em: 5 set. 2019.

18 CNBC. *Elon Musk: Self-driving Teslas are going to make their owners money by competing with Uber, Lyft*. Disponível em: https://www.cnbc.com/2019/04/05/elon-musk-self-driving-teslas-are-going-to-compete-with-uber-lyft.html. Acesso em: 5 set. 2019.

19 VALOR INVESTE. *Mais de R$ 56 bi estão aplicados em fundos caros e que não pagam nem o CDI ao investidor*. Disponível em: https://valorinveste.globo.com/produtos/fundos/renda-fixa/noticia/2019/06/24/mais-de-r-56-bi-estao-aplicados-em-fundos-caros-e-que-nao-pagam-nem-o-cdi-ao-investidor.ghtml. Acesso em: 22 out. 2019.

CAPÍTULO 3 ENTENDA O SISTEMA PARA PODER DOMINÁ-LO

20 INVESTOPEDIA. *The History Of Money*. Disponível em: https://www.investopedia.com/articles/07/roots_of_money.asp. Acesso em: 6 set. 2019.

21 BANCO CENTRAL DO BRASIL. *Museu de Valores do Banco Central*. Disponível em: https://www.bcb.gov.br/acessoinformacao/legado?url=https:%2F%2Fwww.bcb.gov.br%2Fhtms%2Forigevol.asp. Acesso em: 11 set. 2019.

22 SUPERINTERESSANTE. *Conheça a história do dinheiro*. Disponível em: https://super.abril.com.br/historia/dinheirama/. Acesso em: 11 set. 2019.

23 FOLHA DE S.PAULO. *No século 17, traficantes baianos causaram inflação no Congo*. Disponível em: https://www1.folha.uol.com.br/paywall/signup.shtml?https://www1.folha.uol.com.br/colunas/leandro-narloch/2017/05/1884751-no-seculo-17-traficantes-baianos-causaram-inflacao-no-congo.shtml. Acesso em: 11 set. 2019.

24 Idem nota 21.

25 THE TELEGRAPH. *The history of money: from barter to bitcoin*. Disponível em: https://www.telegraph.co.uk/finance/businessclub/money/11174013/The-history-of-money-from-barter-to-bitcoin.html. Acesso em: 6 set. 2019.

26 BBC NEWS. *A brief history of money*. Disponível em: https://www.bbc.com/news/av/business-18827269/a-brief-history-of-money. Acesso em: 6 set. 2019.

27 Idem nota 20.

28 SVERIGES RIKSBANK. *History*. Disponível em: https://www.riksbank.se/en-gb/about-the-riksbank/history/. Acesso em: 6 set. 2019.

29 MUNDO DOS BANCOS. *O Papel dos Bancos Centrais*. Disponível em: https://mundodosbancos.com/27/banco-central/. Acesso em: 6 set. 2019.

30 BUSINESS INSIDER. *A history of the US gold standard*. Disponível em: https://www.businessinsider.com/history-of-us-gold-standard-2015-12. Acesso em: 6 set. 2019.

31 ESTADÃO. *Fim do padrão-ouro para o dólar completa 40 anos*. Disponível em: https://economia.estadao.com.br/noticias/geral,fim-do-padrao-ouro-para-o-dolar-completa-40-anos,80236e. Acesso em: 11 set. 2019.

32 BLOOMBERG. *Global Debt of $244 Trillion Nears Record Despite Faster Growth*. Disponível em: https://www.bloomberg.com/news/articles/2019-01-15/global-debt-of-244-trillion-near-record-despite-faster-growth. Acesso em: 9 set. 2019.

33 EXAME. *Dívida global é equivalente a 225% do PIB mundial, diz FMI*. Disponível em: https://exame.abril.com.br/economia/divida-global-e-equivalente-a-225-do-pib-mundial-diz-fmi/. Acesso em: 6 set. 2019.

34 UNITED STATES SECURITIES AND EXCHANGE COMMISSION. *Registration Statement: Uber Technologies, Inc*. Disponível em: https://www.sec.gov/Archives/edgar/data/1543151/000119312519103850/d647752ds1.htm. Acesso em: 22 out. 2019.

35 TECHCRUNCH. *Uber prices IPO at $45 per share, raises $8.1B*. Disponível em: https://techcrunch.com/2019/05/09/uber-reportedly-prices-ipo-at-45-per-share/. Acesso em: 16 out. 2019.

36 VALOR ECONÔMICO. *Argentina tenta evitar uma corrida aos bancos*. Disponível em:

https://www.valor.com.br/internacional/6418681/argentina-tenta-evitar-uma-corrida-aos-bancos. Acesso em: 6 set. 2019.

37. TODA MATÉRIA. *Crise de 1929 (Grande Depressão)*. Disponível em: https://www.todamateria.com.br/crise-de-1929/. Acesso em: 22 out. 2019.

38. SUNO. *ECONOMIA Como o Acordo de Bretton Woods organizou a economia mundial no pós-guerra*. Disponível em: https://www.sunoresearch.com.br/artigos/bretton-woods/. Acesso em: 22 out. 2019.

39. WIKIPÉDIA. *Padrão-ouro*. Disponível em: https://pt.wikipedia.org/wiki/Padr%C3%A3o-ouro. Acesso em: 22 out. 2019.

40. EXAME. *Cronologia das crises mais graves desde 1929*. Disponível em: https://exame.abril.com.br/mundo/cronologia-crises-mais-graves-1929-572924/. Acesso em: 22 out. 2019.

41. GAZETA DO POVO. *5 grandes crises econômicas que abalaram o mundo*. Disponível em: https://www.gazetadopovo.com.br/mundo/5-grandes-crises -economicas-que-abalaram-o-mundo-atheycnpmtjjl1dfe9srhaapl/. Acesso em: 23 out. 2019.

42. EXAME. *Cronologia das crises mais graves desde 1929*. Disponível em: https://exame.abril.com.br/mundo/cronologia-crises-mais-graves-1929-572924/. Acesso em: 23 out. de 2019.

43. G1. *Cronologia das crises financeiras mais graves desde a Grande Depressão*. Disponível em: http://g1.globo.com/Noticias/Mundo/0,,MUL1068130-5602,00-CRONOLOGIA+DAS+CRISES+FINANCEIRAS+MAIS+GRAVES+DESDE+A+GRANDE+DEPRESSAO.html. Acesso em: 23 out. 2019.

44. SUNO. *Quantitative Easing: um instrumento monetário para estimular a economia*. Disponível em: https://www.sunoresearch.com.br/artigos/quantitative-easing/. Acesso em: 11 set. 2019.

45. MISES BRASIL. *Bizarrice europeia: taxas de juros negativas restringem empréstimos e afetam bancos e empresas*. Disponível em: https://mises.org.br/Article.aspx?id=2497&ac=179566. Acesso em: 23 out. 2019.

CAPÍTULO 4 A REVOLUÇÃO FINANCEIRA

46. MUNDO EDUCAÇÃO. *Invenção da Imprensa*. Disponível em: https://mundoeducacao.bol.uol.com.br/historiageral/invencao-imprensa.htm. Acesso em: 22 set. 2019.

47. Newsletter Cryptotalks "Do rádio ao bitcoin", por André Franco, enviada em 22 ago. 2019.

48. FOLHA DE S.PAULO. *Internet foi criada em 1969 com o nome de "Arpanet" nos EUA*. Disponível em: https://www1.folha.uol.com.br/folha/cotidiano/ult95u34809.shtml. Acesso em: 22 set. 2019.

49. Idem nota 48.

50. KRUG, Joey (CO-CIO OF PANTERA CAPITAL). *A Crypto Thesis: Open Financial Systems*. Disponível em: https://medium.com/@PanteraCapital/a-crypto-thesis-47eaacf861ca. Acesso em: 23 set. 2019.

51. REVISTA GALILEU. *Moedas sociais: saiba como funciona a economia alternativa no Brasil*. Disponível em: https://revistagalileu.globo.com/Sociedade/noticia/2019/08/

moedas-sociais-saiba-como-funciona-economia-alternativa-no-brasil.html. Acesso em: 6 jul. 2019.

52 Idem nota 51.

53 HACKERNOON. *The Bitcoin Era Was Predicted 18 Years Ago*. Disponível em: https://hackernoon.com/the-bitcoin-era-was-predicted-18-years-ago-9e0276ed1148. Acesso em: 6 jul. 2019.

54 FIDELITY DIGITAL ASSETS. *The Evolution of Digital Cash*. Disponível em: https://medium.com/@FidelityDigitalAssets/the-evolution-of-digital-cash-da19b06aa58e. Acesso em: 16 set. 2019.

55 PARADIGMA CAPITAL. *O Bitcoin e o Estado-Nação no Século XXI*. Disponível em: https://medium.com/paradigma-capital/o-bitcoin-e-o-estado-na%C3%A7%C3%A3o-no-s%C3%A9culo-xxi-4cb9a63df8b4. Acesso em: 17 set. 2019.

56 Idem nota 55.

57 Idem nota 54.

58 NAKAMOTO, SATOSHI. *Bitcoin: A Peer-to-Peer Electronic Cash System*. Disponível em: https://bitcoin.org/bitcoin.pdf. Acesso em: 22 out. 2019.

59 SATOSHI NAKAMOTO INSTITUTE. Emails. Disponível em: https://satoshi.nakamotoinstitute.org/emails/. Acesso em: 22 out. 2019.

60 PHILIP ZIMMERMANN. *Why I Wrote PGP*. Disponível em: https://www.philzimmermann.com/EN/essays/WhyIWrotePGP.html. Acesso em: 27 nov. 2019.

61 ANDRIGHI, Nancy. (Ministra do STJ). *O Bitcoin e a sua corretagem: Análise da Criptomoeda à Luz da Jurisprudência do STJ*. p. 441.

62 ESTADÃO. *Transformação digital do setor bancário "nos angustia toda noite", diz Setubal, do Itaú*. Disponível em: https://economia.estadao.com.brnoticias/ negocios, transformacao-com-fintechs-nos-angustia-toda-noite-diz-setubal,7000299 5258?utm_source=estadao:whatsapp&utm_medium=link. Acesso em: 5 set. 2019.

63 VALOR ECONÔMICO. *Os 100 maiores bancos*. Disponível em: https://www.valor.com.br/valor1000/2019/ranking100maioresbancos. Acesso em: 5 set. 2019.

64 VEJA. *Santander lança 1º serviço de transferência internacional com blockchain*. Disponível em: https://veja.abril.com.br/economia/santander-lanca-1o-servico-de-transferencia-internacional-com-blockchain/. Acesso em: 11 set. 2019.

65 TECNOBLOG. *Banco Santander lança sistema baseado em blockchain entre Brasil e Europa*. Disponível em: https://tecnoblog.net/239451/banco-santander-blockchain-brasil-europa/. Acesso em: 11 set. 2019.

66 UOL. *BTG vai lançar criptoativo com lastro em imóveis inadimplentes*. Disponível em: https://economia.uol.com.br/noticias/bloomberg/2019/02/21/btg-vai-lancar-criptoativo-com-lastro-em-imoveis-inadimplentes.htm. Acesso em: 11 set. 2019.

67 MONEY TIMES. *BTG lança criptoativo para mercado imobiliário no Brasil e estima levantar US$ 15 mi*. Disponível em: https://moneytimes.com.br/fast/btg-lanca-criptoativo-para-mercado-imobiliario-no-brasil-e-estima-levantar-us-15-mi/. Acesso em: 11 set. 2019.

68 COINTELEGRAPH. *CVM, FMI, Banco Mundial e 35 países lançam programa que pode permitir circulação de criptomoeda entre as nações*. Disponível em: https://

moneytimes.com.br/fast/btg-lanca-criptoativo-para-mercado-imobiliario-no-brasil-e-estima-levantar-us-15-mi/. Acesso em: 4 out. 2019.

69 NASDAQ. *Blockchain isn't the end of trust it's the future of trust*. Disponível em: https://www.nasdaq.com/article/blockchain-isnt-the-end-of-trust-its-the-future-of-trust-cm1178931. Acesso em: 12 set. 2019.

70 COIN TIMES. *Peter Thiel, co-fundador do Paypal, ressalta importância do Bitcoin*. Disponível em: https://cointimes.com.br/peter-thiel-ressalta-importancia-do-bitcoin/. Acesso em: 15 ago. 2019.

CAPÍTULO 5 TUDO O QUE VOCÊ PRECISA SABER SOBRE BITCOIN E BLOCKCHAIN

71 HOME HOST. *O que é banco de dados?* Disponível em: https://www.homehost.com.br/blog/tutoriais/mysql/o-que-e-um-banco-de-dados/. Acesso em: 22 out. 2019.

72 OFICINA DA NET. *O que é criptografia?* Disponível em: https://www.oficinadanet.com.br/artigo/443/o_que_e_criptografia. Acesso em: 13 set. 2019.

73 COIN TIMES. *O que é blockchain? Como funciona a tecnologia?* Disponível em: https://cointimes.com.br/o-que-e-blockchain-como-funciona/. Acesso em: 23 out. 2019.

74 CONSENSYS. *Answers to the 40 Most Asked Questions about Blockchain*. Disponível em:https://media.consensys.net/answers-to-the-40-most-asked-questions-about-blockchain-2b69d1191801. Acesso em: 27 out. 2019.

75 FORBES. *One Thing Is Clear From Davos, Blockchain Is Out Of Beta*. Disponível em: https://www.forbes.com/sites/dantedisparte/2018/01/28/one-thing-is-clear-from-davos-blockchain-is-out-of-beta/#7a9eb9ab9d4f. Acesso em: 4 set. 2019.

76 COIN TIMES. *O que é blockchain? Como funciona a tecnologia?* Disponível em: https://cointimes.com.br/o-que-e-blockchain-como-funciona/. Acesso em: 23 out. 2019.

77 THE IRISH TIMES. *Up to tenth of world wealth set to be stored on blockchain by 2027*. Disponível em: https://www.irishtimes.com/business/technology/up-to-tenth-of-world-wealth-set-to-be-stored-on-blockchain-by-2027-1.3855716. Acesso em: 22 out. 2019.

78 COINDESK. *IBM Invests $200 Million in Blockchain-Powered IoT*. Disponível em: https://www.coindesk.com/ibm-blockchain-iot-office. Acesso em: 22 out. 2019.

79 GARTNER. *Blockchain Potential and Pitfalls*. Disponível em: https://www.gartner.com/en/webinars/3878710/blockchain-potential-and-pitfalls. Acesso em: 5 set. 2019.

80 IGTI BLOG. *Criptomoedas e a tecnologia Blockchain além do Bitcoin*. Disponível em: https://igti.com.br/blog/criptomoedas-e-a-tecnologia-blockchain-alem-do-bitcoin/. Acesso em: 23 out. 2019.

81 NAKAMOTO, SATOSHI. *Bitcoin: A Peer-to-Peer Electronic Cash System*. Disponível em: https://bitcoin.org/bitcoin.pdf. Acesso em: 22 out. 2019.

82 PARADIGMABR. *Café com Satoshi #15: Grupo da Família vs. Hackers*. Disponível em: https://www.getrevue.co/profile/ParadigmaBR/issues/cafe-com-satoshi-15-grupo-da-familia-vs-hackers-192001. Acesso em: 23 out. 2019.

83 CRIPTOFACIL. *10 perguntas (e respostas) mais comuns sobre Bitcoin*. Disponível em: https://www.criptofacil.com/10-perguntas-e-respostas-mais-comuns-sobre-bitcoin/. Acesso em: 23 out. 2019.

84 Idem nota 83.

85 BITCOIN WIKI. *Controlled supply*. Disponível em: https://en.bitcoin.it/wiki/Controlled_supply. Acesso em: 4 set. 2019.

86 Idem nota 85.

87 COIN TIMES. *Bitcoin Pizza Day − E a pizza mais cara da história?* Disponível em: https://cointimes.com.br/bitcoin-pizza-day-e-a-pizza-mais-cara-da-historia/. Acesso em: 23 out. 2019.

88 COINTELEGRAPH. *Bitcoin Pizza Guy: Laszlo Hanyecz em Por que Bitcoin ainda é o único sabor de cripto para ele*. Disponível em: https://br.cointelegraph.com/news/bitcoin-pizza-guy-laszlo-hanyecz-on-why-bitcoin-is-still-the-only-flavor-of-crypto-for-him. Acesso em: 23 out. 2019.

89 FOXBIT. *Pizza Day − A pizza mais cara da história!* Disponível em: https://foxbit.com.br/blog/pizza-day-a-pizza-mais-cara-da-historia/. Acesso em: 23 out. 2019.

90 INVESTING. *BTC/USD Kraken Historical Data*. Disponível em: https://www.investing.com/crypto/bitcoin/btc-usd-historical-data?cid=49799. Acesso em: 26 out. 2019.

CAPÍTULO 6 O INDIVÍDUO COMO CENTRO DA INOVAÇÃO

91 FINANCIAL TIMES. *Central banks make record $15.7bn gold purchases*. Disponível em: https://www.ft.com/content/b62ebb1a-b3a6-11e9-bec9-fdcab53d6959. Acesso em: 28 set. 2019.

92 YOUTUBE. *Andreas Antonopoulos: How bitcoin is changing the world − Internetdagarna 2017*. Internetstiftelsen. Disponível em: https://www.youtube.com/watch?v=T2zH-T_hmLs&feature=youtu.be. Acesso em: 12 nov. 2019.

93 IHODL. *Chart of the Day: Bitcoin vs. Gold vs. US Dollar*. Disponível em: https://ihodl.com/infographics/2018-04-10/chart-day-bitcoin-vs-gold-vs-us-dollar/. Acesso em: 12 set. 2019.

94 ÉPOCA NEGÓCIOS. *Brasil tem 45 milhões de desbancarizados, diz pesquisa*. Disponível em: https://epocanegocios.globo.com/Brasil/noticia/2019/08/brasil-tem-45-milhoes-de-desbancarizados-diz-pesquisa.html. Acesso em: 25 nov. 2019.

95 Idem nota 91.

96 LIGA INSIGHTS. *Open Banking − o futuro do setor financeiro*. Disponível em: https://insights.liga.ventures/estudos-completos/open-banking/. Acesso em: 25 nov. 2019.

97 ESTADÃO. *Startups começam a desenvolver serviços financeiros dentro de casa*. Disponível em: https://link.estadao.com.br/noticias/inovacaostartups-comecam-a-desenvolver-servicos-financeiros-dentro-de-casa,70002847386. Acesso em: 6 set. 2019.

98 STARTSE. *Singu libera pagamento instantâneo pelo app e dá autonomia às profissionais*. Disponível em: https://www.startse.com/noticia/startups/61663/pagamento-instantaneo-singu. Acesso em: 6 set. 2019.

99 Idem nota 98.

100 SAMSUNG DEVELOPERS. *Samsung Blockchain Platform SDK*. Disponível em: https://developer.samsung.com/blockchain/platform. Acesso em: 25 nov. 2019.

101 TECHTUDO. *Facebook Pay é o novo sistema de pagamento para WhatsApp e Instagram*. Disponível em: https://www.techtudo.com.br/noticias/2019/11/facebook-pay-e-o-novo-sistema-de-pagamento-para-whatsapp-e-instagram.ghtml. Acesso em: 25 nov. 2019.

102 FORBES. *Walmart Tops Starbucks, Amazon And Uber For Mobile App Adoption Dominance*. Disponível em: https://www.forbes.com/sites/ronshevlin/2019/05/20/walmart-tops-starbucks-amazon-and-uber-for-mobile-app-adoption-dominance/#678126707a1c. Acesso em: 6 set. 2019.

103 STARTSE. *Fintech Payly quer diminuir custos de pagamento para vendedores e clientes*. Disponível em: https://www.startse.com/noticia/startups/59991/fintech-payly-diminuir-custos-pagamento. Acesso em: 24 out. 2019.

104 EXAME. *Gigante do açúcar e álcool, Cosan quer criar Alipay do Brasil*. Disponível em: https://exame.abril.com.br/negocios/gigante-do-acucar-e-alcool-cosan-quer-criar-alipay-do-brasil/. Acesso em: 24 out. 2019.

105 BUSINESS INSIDER. *TECH COMPANIES IN FINANCIAL SERVICES: How Apple, Amazon, and Google are taking financial services by storm*. Disponível em: https://www.businessinsider.in/tech-companies-in-financial-services-how-apple-amazon-and-google-are-taking-financial-services-by-storm/articleshow/70793663.cms. Acesso em: 25 nov. 2019.

106 SWEDEN SVERIGE. *Sweden – The First Cashless Society?* Disponível em: https://sweden.se/business/cashless-society/. Acesso em: 15 set. 2019.

107 INTERESTING ENGENEERING. *Sweden: How to Live in the World's First Cashless Society*. Disponível em: https://interestingengineering.com/sweden-how-to-live-in-the-worlds-first-cashless-society. Acesso em: 15 set. 2019.

108 ESTADÃO. *A corrida dos superapps e a revolução do pagamento digital no Brasil*. Disponível em: https://link-estadao-com-br.cdn.ampproject.org/c/s/link.estadao.com.br/blogs/felipe-matos/a-corrida-dos-superapps-e-a-revolucao-do-pagamento-digital-no-brasil/?amp. Acesso em: 6 set. 2019.

109 Idem nota 108.

110 FORBES. *Your Starbucks Rewards Card Is Killing U.S. Mobile Payments*. Disponível em: https://www.forbes.com/sites/alexanderpuutio/2019/02/06/your-starbucks-rewards-card-is-killing-u-s-mobile-payments/#169abe57e02b. Acesso em: 6 set. 2019.

111 Idem nota 108.

112 Worldpay Global Payments Report 2018, pg 9.

113 BANCO CENTRAL DO BRASIL. *Banco Central inicia processo de implementação do Open Banking (Sistema Financeiro Aberto) no Brasil*. Disponível em: https://www.bcb.gov.br/detalhenoticia/16733/nota. Acesso em: 21 out. 2019.

114 OPHER, A. *et al. The Rise of the Data Economy: Driving Value through Internet of Things Data Monetization: A Perspective for Chief Digital Officers and Chief Technology Officers*. IBM, EUA, fev. 2016. Disponível em: https://www.ibm.com/downloads/cas/4JROLDQ7. Acesso em: 12 set. 2019.

115 WIRED. *The WIRED Guide to Your Personal Data (and Who Is Using It)*. Disponível em: https://www.wired.com/story/wired-guide-personal-data-collection/#. Acesso em: 12 set. 2019.

116 ÉPOCA NEGÓCIOS. *O que você precisa saber sobre como seus dados pessoais são coletados – e quem os utiliza*. Disponível em: https://epocanegocios.globo.com/Tecnologia/noticia/2019/04/o-que-voce-precisa-saber-sobre-como-seus-dados-pessoais-sao-coletados-e-quem-os-utiliza.html. Acesso em: 12 set. 2019.

117 TECMUNDO. *SHARE Navegador Brave recompensa usuários pela visualização de anúncios*. Disponível em: https://www.tecmundo.com.br/software/140856-navegador-brave-recompensa-usuarios-visualizacao-anuncios.htm. Acesso em: 15 set. 2019.

CAPÍTULO 7 NÃO TEM COMO ESTAR FORA DO MERCADO FINANCEIRO

118 DINHEIRAMA. *O básico sobre a Bolsa de Valores e sua importância para o Brasil*. Disponível em: https://dinheirama.com/basico-bolsa-de-valores-sua-importancia-brasil/. Acesso em: 8 set. 2019.

119 Idem nota 118.

120 B3. *O índice. Há 50 anos, com o mercado, para o futuro*. Disponível em: http://www.b3.com.br/pt_br/market-data-e-indices/indices/indices-amplos/ibovespa.htm. Acesso em: 8 set. 2019.

121 SUNO. *Exchange Traded Fund (ETF): como investir em várias ações ao mesmo tempo*. Disponível em: https://www.sunoresearch.com.br/artigos/etf-fundos-de-indice/. Acesso em: 8 set. 2019.

122 FOLHA DE S.PAULO. *Com juro baixo, alugar imóvel volta a ser investimento atrativo*. Disponível em: https://www1.folha.uol.com.br/mercado/2019/01/com-juro-baixo-alugar-imovel-volta-a-ser-investimento-atrativo.shtml. Acesso em: 28 out. 2019.

123 WARREN BRASIL. *Quanto custa investir bem?* Disponível em: https://warrenbrasil.com.br/custos/. Acesso em: 24 out. 2019.

124 BLOG RICO. *Poupança ou Tesouro Direto? Qual o Melhor Investimento em 2019*. Disponível em: https://blog.rico.com.vc/poupanca-ou-tesouro-direto. Acesso em: 15 set. 2019.

125 BTG PACTUAL. *INVESTIMENTOS Custo de Oportunidade: o que é, tipos e como calcular*. Disponível em: https://www.btgpactualdigital.com/blog/investimentos/custo-de-oportunidade-o-que-e-tipos-e-como-calcular. Acesso em: 16 set. 2019.

126 BLOG RICO. *O que é Custo de Oportunidade, Como Calcular e Exemplos*. Disponível em: https://blog.rico.com.vc/custo-oportunidade-o-que-e. Acesso em: 15 set. 2019.

127 WIKIPÉDIA. *Risco-país*. Disponível em: https://pt.wikipedia.org/wiki/Risco-pa%C3%ADs. Acesso em: 16 set. 2019.

128 TALEB, Nassim Nicholas. *Antifrágil:* coisas que se beneficiam com o caos. Rio de Janeiro: Best Business, 2014. E também: TALEB, Nassim Nicholas. *A lógica do cisne negro:* o impacto do altamente improvável. Rio de Janeiro: Best Seller, 2008.

129 SEU DINHEIRO. *O que os primeiros encontros e os grandes negócios têm em* comum? É convexo... Disponível em: https://www.seudinheiro.com/o-que-os-primeiros-encontros-e-os-grandes-negocios-tem-em-comum-e-convexo/. Acesso em: 16 set. 2019.

130 SUNO. *Nassim Taleb: Conheça o [CONTROVERSO] guru dos investimentos.* Disponível em: https://www.sunoresearch.com.br/artigos/nassim-taleb/. Acesso em: 22 out. 2019.

131 COIN TIMES. *Joesley Day: um dos dias mais loucos da história da Bovespa.* Disponível em: https://cointimes.com.br/joesley-day-um-dos-dias-mais-loucos-da-historia-da-bovespa/. Acesso em: 22 out. 2019.

132 SEEKING ALPHA. *Fragile Vs. Antifragile: You Have To Understand What You're Dealing With First.* Disponível em: https://cointimes.com.br/joesley-day-um-dos-dias-mais-loucos-da-historia-da-bovespa/. Acesso em: 28 set. 2019.

133 MAIS RETORNO. *Antifrágil: entenda o que é e como funciona essa estratégia.* Disponível em: https://maisretorno.com/blog/investimento-antifragil-o-que-e. Acesso em: 16 set. 2019.

CAPÍTULO 8 PRECISO ME ORGANIZAR FINANCEIRAMENTE

134 PROJETO DRAFT. *Conheça a história do GuiaBolso, o aplicativo de finanças pessoais com mais de 1 milhão de usuários.* Disponível em: https://projetodraft.com/conheca-a-historia-do-guiabolso-o-aplicativo-de-financas-pessoais-com-mais-de-1-milhao-de-usuarios/. Acesso em: 9 set. 2019

135 GUIABOLSO. *No nosso bolso, 4,5 milhões de histórias pra contar.* Disponível em: https://www.guiabolso.com.br/release-institucional/. Acesso em: 9 set. 2019.

136 ENDEAVOR. *Guiabolso, a empresa que já ajuda brasileiros a poupar R$ 200 milhões por ano.* Disponível em: https://endeavor.org.br/desenvolvimento-pessoal/guiabolso-empresa-que-ja-ajuda-brasileiros-poupar-r-200-milhoes-por-ano/. Acesso em: 9 set. 2019.

137 Idem nota 136.

138 ESTADÃO. *Startup brasileira Olivia vai ao Vale do Silício para "acertar suas contas".* Disponível em: https://link.estadao.com.br/noticias/inovacao,startup-brasileira-olivia-vai-ao-vale-do-silicio-para-acertar-suas-contas,70002699762. Acesso em: 16 set. 2019.

139 OLIVIA. *Sobre a Olivia.* Disponível em: https://www.olivia.ai/br/sobre/. Acesso em: 16 set. 2019.

140 ESTADÃO. *Spread bancário do Brasil é o segundo mais alto do mundo.* Disponível em: https://economia.estadao.com.br/noticias/geral,spread-bancario- do-brasil-e-o-segundo-mais-alto-do-mundo,70002825134. Acesso em: 9 set. 2019.

141 ESTADÃO. *Juros do cheque especial têm leve alta e chegam a 13,45% ao mês, diz Procon.* Disponível em: https://economia.uol.com.br/noticias/redacao/2019/02/12/juros-cheque-especial-emprestimo-pessoal-procon.htm. Acesso em: 28 set. 2019.

142 ÉPOCA. *Juro médio do rotativo do cartão sobe em julho para 300,3% ao ano.* Disponível em: https://epocanegocios.globo.com/Economia/noticia/2019/08/

epoca-negocios-juro-medio-do-rotativo-do-cartao-sobe-em-julho-para-3003-ao-ano.html. Acesso em: 28 set. 2019.

143 ESTADÃO. *5 maiores bancos concentram mais de 80% dos depósitos e empréstimos, diz BC.* Disponível em: https://economia.uol.com.br/noticias/ redacao/2019/05/28/bancos-concentracao-emprestimos.htm. Acesso em: 25 out. 2019.

144 FINTECHLAB. *8ª edição do Radar Fintechlab registra mais de 600 iniciativas.* Disponível em: https://fintechlab.com.br/index.php/2019/06/12/8a-edicao-do-radar-fintechlab-registra-mais-de-600-iniciativas/. Acesso em: 22 out. 2019.

145 STARTSE. *Conheça as fintechs que tornam o empréstimo mais barato.* Disponível em: https://www.startse.com/noticia/mercado/36527/conheca-as-fintechs-que-tornam-o-emprestimo-mais-barato. Acesso em: 9 set. 2019.

146 Idem nota 141.

147 EXAME. *Investimento a partir de R$ 1.000 promete pagar 50% ao ano. Vale a pena?* Disponível em: https://exame.abril.com.br/seu-dinheiro/investimento-a-partir-de-r-1-000-promete-pagar-50-ao-ano-vale-a-pena/. Acesso em: 9 set. 2019.

148 Idem nota 147.

149 Idem nota 147.

150 INFOMONEY. *Cashback: como funcionam os programas que devolvem dinheiro gasto em compras.* Disponível em: https://www.infomoney.com.br/consumo/cashback-como-funcionam-os-programas-que-devolvem-dinheiro-gasto-em-compras/. Acesso em: 9 set. 2019

151 EXAME. *Cashback: 7 sites para ter de volta parte do dinheiro gasto em compras.* Disponível em: https://exame.abril.com.br/seu-dinheiro/7-sites-para-ter-de-volta-parte-do-dinheiro-gasto-em-compras/. Acesso em: 9 set. 2019

152 Idem nota 151.

153 STARTSE. *Conheça os robôs que estão tirando os investimentos dos grandes bancos.* Disponível em: https://www.startse.com/noticia/startups/34960/conheca-os-robos-que-estao-tirando-os-investimentos-dos-grandes-bancos. Acesso em: 9 set. 2019.

154 Idem nota 153.

155 EXAME. *Estes robôs estão programados para ajudar você a ganhar dinheiro.* Disponível em: https://exame.abril.com.br/seu-dinheiro/estes-robos-estao-programados-para-fazer-voce-ganhar-dinheiro/. Acesso em: 9 set. 2019.

156 Idem nota 155.

157 Idem nota 153.

CAPÍTULO 9 CONHECIMENTO GERA RIQUEZA

158 SUPERINTERESSANTE. *Frase da semana: "Com grandes poderes vêm grandes responsabilidades" – Stan Lee.* Disponível em: https://super.abril.com.br/blog/superblog/frase-da-semana-8220-com-grandes-poderes-vem-grandes-responsabilidades-8221-8211-stan-lee/. Acesso em: 26 out. 2019.

159 BITCOIN. *Bitcoin, começando a usar.* Disponível em: https://bitcoin.org/pt_BR/comecando. Acesso em: 22 out. 2019.

160 COIN TELEGRAPH. *Antonopoulos: Your keys, your Bitcoin. Not your keys, not your Bitcoin.* Disponível em: https://cointelegraph.com/news/antonopoulos-your-keys-your-bitcoin-not-your-keys-not-your-bitcoin. Acesso em: 29 set. 2019.

161 ESTADÃO. *Novas pirâmides prometem lucro de até 50% com investimentos em bitcoin.* Disponível em: https://www.estadao.com.br/infograficos/economia,novas-piramides-prometem-lucro-de-ate-50-com-investimentos-em-bitcoin,1002597. Acesso em: 1 set. 2019.

162 ÉPOCA. *O golpe das pirâmides financeiras: sucesso entre os brasileiros.* Disponível em: https://epoca.globo.com/o-golpe-das-piramides-financeiras-sucesso-entre-os-brasileiros-23477372. Acesso em: 1 set. 2019.

163 ARENA DO PAVINI. *Bitcoins e pirâmides financeiras: como evitar cair no golpe da moeda virtual.* Disponível em: https://www.arenadopavini.com.br/arenas-das-empresas/34155. Acesso em: 1 set. 2019.

164 Idem nota 161.

165 Idem nota 161.

166 ARATA ACADEMY. *Resumo: o homem mais rico da Babilônia.* Disponível em: https://www.arataacademy.com/port/resumo-o-homem-mais-rico-da-babilonia/. Acesso em: 22 out. 2019.

CAPÍTULO 10 CONSISTÊNCIA E DISCIPLINA CONSTROEM A LIBERDADE

167 BLOG RICO. *O que é independência financeira e como conquistar a sua.* Disponível em: https://blog.rico.com.vc/independencia-financeira. Acesso em: 18 set. 2019.

168 GAZETA DO POVO. *Ter objetivos claros ajuda na escolha do investimento ideal.* Disponível em: https://www.gazetadopovo.com.br/economia/financas-pessoais/ter-objetivos-claros-ajuda-na-escolha-do-investimento-ideal-cylm0ytm7wzecnf0xl qlu2se3/. Acesso em: 11 set. 2019.

169 Idem nota 168.

170 Idem nota 168.

171 MAGNETIS. *Renda mensal: veja investimentos para quem quer viver de renda.* Disponível em: https://blog.magnetis.com.br/renda-mensal/. Acesso em: 18 set. 2019.

172 Idem nota 171.

173 EXAME. *O prospecto do IPO da Apple; você deveria ter lido.* Disponível em: https://exame.abril.com.br/mercados/o-prospecto-do-ipo-da-apple-voce-deveria-ter-lido/. Acesso em: 20 set. 2019.

174 Idem nota 173.

175 JORNAL DO BRASIL. *Quer diversificar o portfólio? Veja porque investir em Criptomoedas é uma ótima ideia.* Disponível em: https://www.jb. com.br/economia/2019/05/1001894-quer-diversificar-o-portfolio-veja-porque-investir-em-criptomoedas-e-uma-otima-ideia.html. Acesso em: 18 set. 2019.

176 COINDESK. *From $900 to $20,000: Bitcoin's Historic 2017 Price Run Revisited.* Disponível em: https://www.coindesk.com/900-20000-bitcoins-historic-2017-price-run-revisited. Acesso em: 1 out. 2019.

177 Idem nota 175.

178 FORBES. *ICE Creating New Cryptocurrency Market: A Double-Edged Sword.* Disponível em: https://www.forbes.com/sites/caitlinlong/2018/08/03/ice-creating-new-cryptocurrency-market-a-double-edged-sword/#10a511671015. Acesso em: 1 out. 2019.

179 CNBC. *New York Stock Exchange owner launches futures contracts that pay out in bitcoin.* Disponível em: https://www.cnbc.com/2019/09/23/nyse-owner-ice-launches-deliverable-bitcoin-futures-contracts.html. Acesso em: 1 out. 2019.

180 BANK FOR INTERNATIONAL STATEMENTS. Global OTC derivatives market. Disponível em: https://stats.bis.org/statx/srs/table/d5.1. Acesso em: 25 nov. 2019.

181 THE WORLD BANK. GDP (current US$). Disponível em: https://data.worldbank.org/indicator/NY.GDP.MKTP.CD. Acesso em: 25 nov. 2019.

182 BLOOMBERG. *Fidelity starts crypto business to serve Wall Street clients.* Disponível em: https://www.bloomberg.com/news/articles/2018-10-15/fidelity-starts-crypto-unit-to-serve-wall-street-customers. Acesso em: 1 out. 2019.

183 BLOG – BTG PACTUAL DIGITAL. *Paralisia nos investimentos: acomodar sua carteira a fará perder desempenho.* Disponível em: https://www.btgpactualdigital.com/blog/coluna-gustavo-cerbasi/paralisia-nos-investimentos-acomodar-sua-carteira-a-fara-perder-desempenho.. Acesso em: 17 set. 2019.

184 Idem nota 183.

185 PLANEJAR. *Periodicidade para reavaliar a carteira de investimentos.* Disponível em: https://www.planejar.org.br/consultorio-financeiro/qual-periodicidade-para-reavaliar-carteira-de-investimentos/. Acesso em: 17 set. 2019.

186 Idem nota 185.

187 DINHEIRAMA. *Como acompanhar seus investimentos: dicas importantes.* Disponível em: https://dinheirama.com/como-acompanhar-seus-investimentos-dicas-importantes/. Acesso em: 17 set. 2019.

188 SUNO. *Investimento a longo prazo: a forma mais segura de ganhar dinheiro.* Disponível em: https://www.sunoresearch.com.br/artigos/investimento-longo-prazo/. Acesso em: 17 set. 2019.

189 SUNO. *O temperamento correto do investidor de longo prazo.* Disponível em: https://www.sunoresearch.com.br/artigos/o-temperamento-correto-do-investidor-de-longo-prazo/. Acesso em: 17 set. 2019.

190 Idem nota 189.

CAPÍTULO 11 QUEM CHEGA PRIMEIRO BEBE ÁGUA LIMPA

191 BLOG SEMENTE NEGÓCIOS. *Como o mercado adota uma inovação.* Disponível em: http://blog.sementenegocios.com.br/como-mercado-adota-inovacao/. Acesso em: 22 set. 2019.

192 CLEVERISM. *Who are early adopters and why do they matter?* Disponível em: https://www.cleverism.com/who-are-early-adopters-and-why-do-they-matter/. Acesso em: 22 set. 2019.

193 Idem nota 192.

194 Idem nota 192.

195 Idem nota 192.

196 Idem nota 192.

197 Idem nota 192.

198 MUCH NEEDED. *Tinder statistics*. Disponível em: https://muchneeded.com/tinder-statistics/. Acesso em: 22 set. 2019.

199 MIT.EDU. *Seeding the S-Curve? The Role of Early Adopters in Diffusion*. Disponível em: http://ide.mit.edu/sites/default/files/publications/SSRN-id2822729.pdf. Acesso em: 23 set. 2019.

200 Idem nota 199.

201 TECH JURY. *Gmail statistics and trends: what you need to know in 2019*. Disponível em: https://techjury.net/stats-about/gmail-statistics/. Acesso em: 23 set. 2019.

202 BLOG SEMENTE NEGÓCIOS. *Como o mercado adota uma inovação*. Disponível em: http://blog.sementenegocios.com.br/como-mercado-adota-inovacao/. Acesso em: 22 set. 2019.

203 YOUTUBE. *Crossing the chasm*. Disponível em: https://www.youtube.com/watch?v=rA6xLcOroK4. Acesso em: 22 set. 2019.

204 SMARTER WITH GARTNER. *Are you ready for blockchain?* Disponível em: https://www.gartner.com/smarterwithgartner/are-you-ready-for-blockchain-infographic/. Acesso em: 22 set. 2019.

205 ESTADÃO. *Unicórnios brasileiros: saiba quais e o que são essas startups "raras"*. Disponível em: https://link.estadao.com.br/noticias/inovacao,unicornio-brasileiro-startups-raras-bilhao,70003003789. Acesso em: 28 out. 2019.

206 TECH CRUNCH. *The Crunchbase Unicorn Leaderboard is back, now with a record herd of 452 unicorns*. Disponível em: https://techcrunch.com/2019/05/29/the-crunchbase-unicorn-leaderboard-is-back-now-with-a-record-herd-of-452-unicorns/. Acesso em: 22 set. 2019.

207 ACE. *O panorama de investimentos Venture Capital no Brasil: o que podemos aprender com ele?* Disponível em: https://acestartups.com.br/venture-capital-investimentos-brasil/. Acesso em: 22 set. 2019.

208 EXAME. *3 sites de crowdfunding para sua ideia conquistar investidores*. Disponível em: https://exame.abril.com.br/pme/3-sites-de-crowdfunding-para-sua-ideia-conquistar-investidores/. Acesso em: 26 set. 2019.

209 BBVA. *BBVA and Wave carry out the first blockchain-based international trade transaction between Europe and Latin America*. Disponível em: https://www.bbva.com/en/bbva-and-wave-carry-first-blockchain-based-international-trade-transaction-europe-and-latin-america/. Acesso em: 27 out. 2019.

210 MONEY TIMES. *Napster foi a primeira rede P2P a disputar uma indústria*. Disponível em: https://moneytimes.com.br/napster-foi-a-primeira-rede-p2p-a-disruptar-uma-industria/. Acesso em: 23 set. 2019.

211 Idem nota 210.

212 ROLLING STONE. *Metallica x Napster aconteceu há 8 anos*. Disponível em: https://rollingstone.uol.com.br/noticia/metallica-x-napster-aconteceu-ha-8-anos/.

Acesso em: 23 set. 2019.

213 ROCK CONTENT. *De Blockbuster a Netflix: é preciso inovar para sobreviver.* Disponível em: https://inteligencia.rockcontent.com/blockbuster-e-netflix/. Acesso em: 23 set. 2019.

214 GAZETA DO POVO. *Fundador da Netflix conta como a Blockbuster riu da cara dele no início.* Disponível em: https://www.gazetadopovo.com.br/economia/fundador-da-netflix-conta-como-a-blockbuster-riu-da-cara-dele-no-inicio-387nf5v8bbpv5f1l2pavr98a7/. Acesso em: 23 set. 2019.

215 Idem nota 214.

216 STARTSE. *Isso é o que as empresas que serão destruídas entenderam de errado.* Disponível em: https://www.startse.com/noticia/nova-economia/corporate/30374/isso-e-o-que-as-empresas-que-serao-destruidas-entenderam-de-errado. Acesso em: 23 set. 2019.

217 INNOSIGHT. *Corporate Longevity Forecast: Creative Destruction is Accelerating.* Disponível em: https://www.innosight.com/insight/creative-destruction/. Acesso em: 23 set. 2019.

218 CNBC. *Technology killing off corporate America: Average life span of companies under 20 years.* Disponível em: https://www.cnbc.com/2017/08/24/technology-killing-off-corporations-average-lifespan-of-company-under-20-years.html. Acesso em: 23 set. 2019.

219 ESTADÃO. *Entenda o que é a Libra, a moeda do Facebook.* Disponível em: https://link.estadao.com.br/noticias/empresas,entenda-o-que-e-a-libra-a-moeda-do-facebook,70002899045. Acesso em: 6 set. 2019.

220 Newsletter "Update: Libra, Bitcoin and Cryptos", por James Faucette, Betsy Graseck, Sheena Shah, JP Morgan, enviado em 16 de julho de 2019

221 Idem nota 220.

CAPÍTULO 12 BEM-VINDO AO MUNDO SEM FRONTEIRAS

222 LINKEDIN. *A utopia e as distopias das DATNs.* Disponível em: https://www.linkedin.com/pulse/utopia-e-distopias-das-datns-courtnay-cognochain-guimaraes. Acesso em: 29 set. 2019.

REGISTRE SEU LIVRO NA BLOCKCHAIN

Escaneie o QR code e realize o passo a passo para registrar o livro na blockchain e emitir o token, tornando este livro um ativo tokenizado colecionável.

Nº de Registro:

Data de Registro:

Hash:

ESTE LIVRO FOI IMPRESSO
PELA GRÁFICA LOYOLA
EM PAPEL PÓLEN BOLD 70G
EM MAIO DE 2022.